Economica Laterza
318

John Maynard Keynes

Come uscire dalla crisi

a cura di Pierluigi Sabbatini

Editori Laterza

Titoli originali dei saggi
The Question of High Wages - The State of Trade - An Economic Analysis of Unemployment - State Planning - The Means to Prosperity - National Self-Sufficiency - The New Deal - Poverty in Plenty - How to Avoid a Slump
CWK, voll. IX, XIII, XX, XXI

Traduzione di Pierluigi Sabbatini

Edizioni precedenti:
«Libri del Tempo Laterza» 1983

Nella «Economica Laterza»
Prima edizione aprile 2004

Edizione
5 6 7 8 9 10

Anno
2019 2020 2021 2022 2023 2024

www.laterza.it

Questo libro è stampato
su carta amica delle foreste

Stampato da
SEDIT - Bari (Italy)
per conto della
Gius. Laterza & Figli Spa
ISBN 978-88-420-7289-8

INTRODUZIONE

di Pierluigi Sabbatini

KEYNES E LA ' GRANDE CRISI '

L'associazione tra Keynes e la ' grande crisi ' è ovvia. È difficile trovare un altro grande economista che sia stato, come Keynes, così profondamente influenzato dalle condizioni storiche del suo periodo nello sviluppo della propria elaborazione teorica. Ciò non vuol necessariamente dire che l'analisi keynesiana sia datata e limitata alle condizioni specifiche della ' grande crisi '. Lo sviluppo delle politiche economiche del secondo dopoguerra è una prova evidente del contrario. Difficilmente si può però trascurare il fatto che sia nell'individuazione dei problemi prioritari, sia negli aspetti più particolari dello schema interpretativo ed analitico, Keynes si presenta come l'economista della ' grande crisi ' per eccellenza: con una leggera forzatura, si potrebbe addirittura affermare che senza la crisi degli anni Trenta difficilmente la teoria della domanda effettiva avrebbe visto la luce e il ricordo di Keynes, come brillante e forse un po' stravagante prodotto del mondo cambridgeano, verrebbe confinato nei discorsi commemorativi di un qualche college o associazione culturale [1].

[1] Ciò è assai evidente quando si analizza la differenza tra il *Trattato della moneta* e la *Teoria generale*, differenza dovuta in gran parte proprio alle riflessioni scaturite durante la ' grande crisi ': difficilmente si possono mettere in dubbio le radicali innovazioni contenute nella *Teoria generale* rispetto all'analisi delle variabili finanziarie e al loro rapporto con le variabili reali. Questo non vuol dire comunque che nel *Trattato della moneta* non fossero presenti lucide anticipazioni dei futuri sviluppi analitici e che non si possa rintracciare più di un elemento di continuità nel pensiero keynesiano qualora si confronti il *Trattato* e la *Teoria generale*.

Ciò detto, va comunque rilevato che non sempre emerge immediatamente nell'opera di Keynes il suo rapporto con la realtà del tempo. Sia la *Teoria generale*[2] che il *Trattato della moneta*[3] sono infatti opere volutamente rivolte ad un pubblico di specialisti e dedicate all'analisi dei principali problemi di teoria economica. È difficile trovare in esse (soprattutto nella *Teoria generale*) riferimenti precisi alla situazione economica del momento. La raccolta che qui si propone, resa possibile dalla recente pubblicazione dei volumi XX e XXI delle *Opere complete* di Keynes[4], è finalizzata proprio ad offrire un quadro delle principali indicazioni di politica economica avanzate da Keynes negli anni della crisi. La lettura di questi scritti ci permette non solo di individuare le radici storico-economiche della teoria keynesiana ma anche di seguire, da uno dei principali osservatori dell'epoca, il corso degli eventi e delle problematiche che essi generarono.

È importante ricordare da subito quali furono i canali utilizzati da Keynes per esprimere il proprio punto di vista. Del tutto consapevole che il suo uditorio era segmentato in comparti poco comunicanti tra loro, Keynes fece affidamento su un'ampia gamma di mezzi di comunicazione. Per gli aspetti più analitici del suo pensiero si affidò essenzialmente ai libri[5] e all'« Economic Journal », di cui era condirettore. Per le polemiche di politica economica utilizzò « The Nation »[6], in seguito divenuto « The New Statesman and Nation », il « Times » e, negli Stati Uniti, « The New Republic » e « The New York Times ». Ancora vanno citati i numerosi *pamphlet* scritti su aspetti specifici come *Un programma di espansione*[7], *I mezzi per raggiungere il benessere economico*[8] (incluso nella presente raccolta) e *Come af-*

[2] J. M. Keynes, *Teoria generale dell'occupazione, dell'interesse e della moneta*, Utet, Torino 1978².

[3] J. M. Keynes, *Trattato della moneta*, Feltrinelli, Milano 1979.

[4] *Collected Writings of Keynes* (CWK), voll. XX e XXI, London 1981-82.

[5] Da notare che la pubblicazione della *Teoria generale* fu fatta parzialmente a sue spese per ridurre il prezzo di vendita e aumentarne così la diffusione.

[6] Di cui era comproprietario.

[7] J. M. Keynes, *Un programma di espansione*, Il Saggiatore, Milano 1968.

[8] J. M. Keynes, *The Means to Prosperity*, London 1933.

frontare le spese per la guerra[9]. Keynes partecipò inoltre attivamente ai lavori del Macmillan Committee (sui rapporti tra finanza e industria) e all'Economic Advisory Council che rappresentavano un luogo ideale per discutere e diffondere le proprie opinioni. Non meno importanti furono le conferenze tenute in diverse Università (anche straniere) e nelle assemblee annuali delle società nelle quali aveva particolari cariche direttive (in particolare la National Mutual). Infine non si può non menzionare gli stretti rapporti personali con un'ampia cerchia di uomini politici, banchieri ed economisti: tra l'altro durante i due viaggi che fece negli Stati Uniti nel '31 e nel '34, Keynes ebbe occasione di incontrare anche Hoover e Roosevelt. Sapiente utilizzatore dei nuovi mezzi di comunicazione, Keynes non perse l'occasione di fare diversi discorsi radiofonici né si lasciò sfuggire l'opportunità di uno dei primi dibattiti via etere tra Inghilterra e Stati Uniti, sostenendo una discussione con Lippmann a proposito della conferenza del 1933 sulla crisi economica[10].

Non ci deve dunque sorprendere la relativa rapidità con cui le nuove idee keynesiane si propagarono sulle due sponde dell'oceano e l'influenza che esse indubbiamente ebbero sul corso degli eventi. Il peso che le posizioni di Keynes esercitarono sulle decisioni di politica economica in Inghilterra e in America è ancora largamente dibattuto e vedremo di farne una verifica più puntuale nelle pagine seguenti di queste note introduttive. Difficilmente si può negare però che Keynes fu considerato dai contemporanei come uno degli economisti di maggior prestigio, in grado di esercitare una notevole influenza sugli organismi governativi. Un suo discorso contro l'elevato saggio d'interesse poteva, ad esempio, generare un mutamento di aspettative tale da modificare il saggio stesso (come avvenne all'indomani di una sua relazione tenuta all'assemblea annuale della National Mutual del 1934[11]); era sufficiente una sua

[9] J. M. Keynes, *Come affrontare le spese per la guerra*, Utet, Torino 1978².

[10] CWK, vol. XXI, p. 251.

[11] CWK, vol. XXI, p. 312.

apparizione insieme con MacDonald per far pensare a un'imminente svalutazione della sterlina. Anche negli Stati Uniti le sue prese di posizione erano molto seguite. Grossa eco ebbe la sua lettera aperta a Roosevelt [12], che tra l'altro sollevò sarcastiche critiche all'interno dello stesso Senato americano [13]. Del suo incontro con Roosevelt nel '34 si parlò molto su tutti gli organi di stampa, lavorando anche d'immaginazione [14].

L'influenza del pensiero di Keynes sul corpo accademico fu meno marcata in Inghilterra (escludendo ovviamente il *circus* di Cambridge) che negli Stati Uniti, dove si propagò assai rapidamente, soprattutto dopo la conversione di Hansen alle sue idee [15].

Piuttosto intensi furono anche i rapporti di Keynes con il mondo politico inglese. Egli fu inizialmente in stretto contatto con il partito liberale, appoggiando, nella seconda metà degli anni Venti, il programma di opere pubbliche di Lloyd George e scrivendo una parte del 'libro giallo' dei liberali sulla situazione economica e sui possibili rimedi. Ma anche un personaggio quale MacDonald, primo ministro del governo laburista fino al '31 e poi, una volta uscito dal partito, primo ministro di un nuovo governo nazionale, era solito consultarsi con Keynes e lo volle per questo all'interno dell'Economic Advisory Council. Va ricordata poi la fitta corrispondenza con Bevin, prestigioso leader sindacale inglese, e non si può trascurare nemmeno l'influenza che Keynes ebbe su personalità più marcatamente di sini-

[12] Secondo Lippmann il giorno seguente il Tesoro tenne presente per la sua politica proprio alcune indicazioni fornite da Keynes in quella sede (CWK, vol. XXI, p. 305).

[13] H. Stein, *The Fiscal Revolution in America*, Chicago 1969, p. 150.

[14] Il « Literary Digest », a seguito di questo incontro, pubblicò un colloquio immaginario tra Keynes e Roosevelt nel quale quest'ultimo veniva convinto ad ampliare i programmi di spesa per l'edilizia abitativa (ivi, p. 150).

[15] Nelle parole un po' colorite di Samuelson: « La *Teoria generale* colpì la maggioranza degli economisti al di sotto dei 35 anni con l'inaspettata virulenza del morbo che per la prima volta colpisce e decima una sperduta tribù di isolani dei Mari del Sud » [R. Lekachman (a cura di), *Il sistema keynesiano: trent'anni di discussioni*, F. Angeli, Milano 1966, p. 353].

stra come John Strachey[16], considerato l'elemento di maggior spicco del marxismo inglese[17].

Questi brevi cenni all'influenza di Keynes sui contemporanei sono, credo, utili per comprendere l'effetto delle sue proposte sulle politiche effettivamente adottate. Buona parte della letteratura a riguardo sostiene che Keynes non riuscì a modificare in misura sostanziale convinzioni radicate da molti anni e che le sue indicazioni rimasero largamente inascoltate. La stessa biografia di Harrod[18] tende a sottolineare il ruolo di 'Cassandra' svolto da Keynes, ruolo che d'altra parte lui stesso si riconosceva. Le più recenti pubblicazioni sul New Deal si muovono nella stessa direzione, ridimensionando fortemente il ruolo giocato da Keynes, a differenza di quanto gli stessi contemporanei supponevano. Nelle pagine seguenti cercheremo invece di mostrare come gran parte delle indicazioni di politica economica di Keynes furono in effetti accolte e messe in pratica e, dove ciò non avvenne, come nel caso di più audaci manovre di spesa pubblica, ciò fu in parte dovuto alle contraddizioni insite nelle proposte stesse.

Un altro radicato luogo comune è quello relativo all'eclettismo e alla mutevolezza delle proposte avanzate da Keynes. In questo i commentatori più recenti non differiscono molto da quelli dell'epoca. Negli anni Trenta circo-

[16] J. Strachey era cugino di secondo grado di Litton Strachey, amico di vecchia data di Keynes e personaggio di primo piano del gruppo di Bloomsbury.

[17] Nel 1935 Strachey scrisse un libro [*The Nature of Capitalist Crisis*, London 1935] nel quale sosteneva che la crisi economica poneva una drastica alternativa tra socialismo e barbarie. Dopo la *Teoria generale* divenne più possibilista e con un nuovo volume [*Programme for progress*, London 1940] accettò una gran parte delle idee keynesiane approvando, inoltre, la sostanza della politica economica di Roosevelt.

La storia di Strachey è interessante anche per l'inizio della sua attività politica. Egli era infatti uno stretto collaboratore di Oswald Mosley, un laborista che nel primo governo MacDonald premeva per una più attiva politica espansiva. Successivamente Mosley uscì dal partito laborista, preparò un programma per la disoccupazione, recensito favorevolmente da Keynes, e, dopo insuccessi elettorali, sposò idee di marca apertamente fascista. È in quest'ultima fase che Strachey lo abbandonò divenendo, seppur per poco come abbiamo visto, marxista.

[18] R. F. Harrod, *La vita di J. M. Keynes*, Einaudi, Torino 1974[3].

lava una battuta secondo la quale cinque economisti messi insieme avrebbero prodotto non cinque ma sei punti di vista diversi e questo perché Keynes di sicuro avrebbe sostenuto contemporaneamente due posizioni differenti. Ora però, se guardiamo a tutto il periodo della crisi, le opinioni espresse da Keynes appaiono sostanzialmente unitarie, anche se ovviamente alcuni adattamenti venivano richiesti dal mutare delle condizioni economiche. La disoccupazione rimase sempre per lui il problema principale da risolvere. Le proposte principali di politica economica non variarono neanch'esse di molto. Opere pubbliche, diminuzione del saggio d'interesse (quando ciò era compatibile con l'equilibrio esterno), riluttanza ad adottare politiche di compressione dei salari monetari: questi furono gli elementi caratteristici della ricetta keynesiana così come si andò articolando su un arco di tempo relativamente ampio (tra il 1925 e l'inizio della seconda guerra mondiale). È del tutto evidente che, al variare delle sue convinzioni teoriche, mutarono le argomentazioni a sostegno di tali politiche. Altrettanto evidente è che l'evoluzione della crisi economica dette maggior forza ad alcune opinioni a spese di altre. In questo senso si può dire che l'uscita dell'Inghilterra dal gold standard portò Keynes a modificare le conclusioni pratiche della sua analisi e perciò anche le sue proposte di politica economica.

È opportuno a questo punto delineare i tratti salienti della crisi degli anni Trenta in Inghilterra e negli Stati Uniti così da comprender meglio il senso delle proposte keynesiane.

La grande crisi

La crisi degli anni Trenta oltre che grande fu soprattutto lunga. Per gli scopi di questa introduzione non è molto importante discutere a fondo l'esatta periodizzazione. Generalmente si fa cominciare la ' grande crisi ' dal crollo di Wall Street dell'ottobre 1929. È da notare però che in quel momento negli Stati Uniti la produzione industriale era già calante e il settore agricolo era da tempo entrato in crisi trascinandosi dietro un gran numero di banche che avevano concorso al suo finanziamento.

In Inghilterra la crisi aveva fatto la sua apparizione già da tempo. Si può dire che l'economia britannica non si era mai del tutto ripresa dalla crisi del '21. Alcuni settori tradizionali come il tessile, siderurgico e la cantieristica navale subirono tutti gli effetti negativi delle distorsioni generate dalla prima guerra mondiale e dalla aumentata concorrenza internazionale. Il ritorno all'oro, la « Norman conquest », come la chiama Moggridge [19], aveva inoltre accresciuto almeno del 10% tutti i costi interni in relazione al mercato internazionale mentre un movimento sindacale forte e organizzato rendeva praticamente impossibile ogni tentativo di abbassare i salari monetari. Dopo il 1929 la situazione si aggravò ulteriormente e i disoccupati passarono da circa un milione a tre milioni. La crisi finanziaria internazionale (che aveva portato al fallimento della banca austriaca Credit-Anstalt) e la crescente debolezza dell'economia inglese causarono infine nel 1931 l'abbandono del gold standard e da qui una politica di bassi saggi d'interesse. Fu tale politica a gettare le basi per la ripresa, che cominciò nell'ultimo trimestre del '32 e che ebbe al centro lo sviluppo del settore dell'edilizia abitativa, settore particolarmente sensibile al costo del denaro.

Negli Stati Uniti la crisi durò più a lungo e la ripresa cominciò solo nel secondo trimestre del '33: essa fu dovuta principalmente a un aumento dei consumi e agli incrementi della spesa pubblica da parte dell'Amministrazione Roosevelt. Sia in Inghilterra che negli Stati Uniti la ripresa fu però assai modesta e interrotta, nel 1937, da una nuova violenta, anche se breve, crisi. Negli Stati Uniti, da cui essa ebbe origine, il reddito calò in misura addirittura più rapida che nel 1929-30 e i disoccupati arrivarono circa a 11 milioni (dati CIO). L'inizio delle spese di armamento prima in Gran Bretagna e, più tardi, negli Stati Uniti, determinò infine il completo riassorbimento della disoccupazione e la fine della depressione.

[19] Il governatore della Banca d'Inghilterra era appunto Norman Montagou.

Va notato, da ultimo, che per tutti gli anni '30 sia negli Stati Uniti che in Inghilterra gli investimenti in beni capitali furono assai ridotti e praticamente non ebbero nessun ruolo nel *superamento della depressione.*

Profondi furono anche i mutamenti strutturali che ebbero luogo in questo periodo. Si verificò un vigoroso processo di ristrutturazione di interi settori che ebbe come effetto una maggiore concentrazione industriale e un elevato aumento della produttività sia negli Stati Uniti che in Inghilterra [20]. I mutamenti della domanda interna e internazionale comportarono una redistribuzione nell'importanza relativa dei diversi settori industriali: in Inghilterra, ad esempio, i tradizionali settori dell'esportazione (tessile e cantieristico) furono sensibilmente ridimensionati a vantaggio dell'industria elettrica e dell'industria dei beni di consumo durevole e non. Ciò comportò anche un processo di redistribuzione geografica del lavoro dalle aree del nord, dove erano collocati i settori in declino, a quelle sud-orientali, dove stavano fiorendo le nuove industrie [21].

L'Inghilterra che esce dalla crisi è dunque una nazione che ha cambiato volto: l'industria è molto più rivolta al mercato interno, mentre la relativa rigidità dei salari è stata compensata da un processo di ristrutturazione industriale che ha prodotto incrementi nella produttività davvero sorprendenti.

Il dibattito sulle cause della crisi è assai ampio. In primo luogo c'è da definire di che cosa si cerchi la causa: dell'inizio della crisi o del suo abnorme prolungamento? Da diverse parti si sostiene infatti che ciò che bisogna spiegare non è tanto la causa scatenante della crisi ma soprattutto perché, a differenza delle altre crisi precedenti, l'economia non si riprese se non dopo lungo tempo e soprat-

[20] J. M. Keynes, *Efficiency in Industry*, «The Times», 13-9-1938 [CWK, vol. XXI, pp. 477-82]; J. Schumpeter, *Business Cycles*, New York 1939, p. 928; R. S. Sayers, *The Springs of Technical Progress in Britain, 1919-39*, «The Economic Journal», 1950; E. J. Hobsbawm, *Industry and Empire*, London 1968.

[21] Questo fatto fornisce un'ulteriore spiegazione del *boom* edilizio successivo al '32. La crescita della domanda interna e un processo migratorio assai consistente si aggiungono al basso tasso d'interesse nello spiegare tale andamento [Hobsbawm, *op. cit.*, pp. 218-9].

tutto grazie a un evento assolutamente eccezionale quale la seconda guerra mondiale.

Con riferimento alla situazione americana, che poi condizionò tutta l'economia mondiale, sono state avanzate diverse spiegazioni: le principali sono quella schumpeteriana, quella monetarista e quella che si basa sulla diminuzione della domanda aggregata.

L'analisi di Schumpeter [22] poggia sul ruolo giocato dalle innovazioni nel processo d'investimento. Queste dispiegano i loro effetti in cicli di diversa ampiezza e durata (il ciclo di Kondratieff di circa 45 anni, quello di Juglar di circa 10 anni e quello di Kitchin di circa 3,5 anni). La crisi del '29 ha rappresentato il punto basso di tutti e tre questi tipi di fluttuazioni cicliche. Quest'analisi, assai articolata anche per gli aspetti finanziari del ciclo economico, non deve essere intesa in senso eccessivamente meccanicistico: nel caso degli Stati Uniti Schumpeter fa infatti presente tutta una serie di eventi particolari che hanno modificato il regolare andamento delle fluttuazioni cicliche, ritardando così la ripresa.

La spiegazione monetarista avanzata da Friedman e Schwartz [23], attribuisce al comportamento delle autorità monetarie la responsabilità principale del prolungarsi della crisi. L'osservazione dei dati forniti dallo stesso Friedman è sufficiente però a far sorgere numerosi dubbi su tale interpretazione. La base monetaria creata dalla Federal Reserve non fu mai ridotta (se non assai lievemente nel 1930) e la restrizione dell'offerta di moneta avvenne a causa di un maggior desiderio di liquidità di tutto il sistema bancario e, più in generale, di tutto il pubblico. Non dunque le autorità monetarie ma il sistema bancario ed il pubblico devono essere messi sotto accusa per la diminuzione dello stock di moneta. Come giustamente ha messo in evidenza Temin [24] l'errore nell'analisi di Friedman consiste nell'aver identificato lo stock con l'offerta di moneta trascurando così

[22] Schumpeter, *op. cit.*, cap. XV.

[23] M. Friedman - A. J. Schwartz, *A Monetary History of the United States 1867-1960*, Princeton 1963.

[24] P. Temin, *Did Monetary Forces Cause the Great Depression?*, New York 1976.

il ruolo giocato dalla domanda di moneta stessa. Questo porta Friedman ad un curioso modo d'intendere gli eventi storici: la caduta dello stock di moneta, provocata in realtà da una diminuzione della domanda aggregata e dalla maggiore preferenza per la liquidità delle banche, viene invece attribuita al comportamento della Federal Reserve colpevole di non aver contrastato questo andamento con sufficienti immissioni di base monetaria: una filosofia che potremmo chiamare del *'non' hoc ergo propter hoc*. Da notare inoltre che secondo l'approccio monetarista ciò che effettivamente conta non è la quantità di moneta *nominale ma* quella reale: in questo senso, data la grossa caduta dei prezzi del 1929-30, è difficile credere che nel '30 la politica della Federal Reserve sia stata restrittiva, come Friedman ipotizza, e che ad essa vada perciò attribuita la responsabilità del peggioramento della crisi.

La spiegazione che si basa sulla domanda effettiva prende le mosse invece dalla caduta degli investimenti e da quella dei consumi. Vale la pena osservare che comunque la caduta degli investimenti fu nel 1929 assai meno rilevante di quella che si era verificata nel '21, cosicché va individuata probabilmente nella diminuzione dei consumi la più esauriente spiegazione della gravità della crisi. Diverse motivazioni possono essere addotte per giustificare la caduta dei consumi: crollo azionario, redistribuzione del reddito a favore dei profitti, ecc. Dalle più recenti analisi [25] risulta però che una parte rilevante di questa variazione al ribasso rimane non spiegata e va dunque considerata come autonoma. Oltre a tutto ciò bisogna poi tener conto delle ripercussioni negative del crollo del commercio internazionale e della paralisi del settore creditizio che raggiunse il livello più drammatico nel '33 quando, subito dopo il suo ingresso alla Casa Bianca, Roosevelt fu costretto a chiudere temporaneamente tutte le banche. Da notare che nel frattempo, dall'inizio della crisi, ne erano fallite circa ottomila nei soli Stati Uniti.

È questo lo scenario in cui va collocata l'opera di Keynes. L'interpretazione che egli diede delle cause degli avve-

[25] Si veda, ad esempio, Temin, *op. cit.*, pp. 69-74.

nimenti che si svolgevano sotto i suoi occhi rimase sostanzialmente invariata lungo tutta la crisi pur se egli mutò in maniera rilevante l'impianto analitico in cui collocava tale interpretazione. La sua spiegazione è essenzialmente monetaria: la causa principale del sopraggiungere e del perdurare della crisi è per Keynes l'elevato saggio d'interesse[26]. Come spiega nella conferenza *Un'analisi economica della disoccupazione*[27] (inclusa nella presente raccolta), l'elevato livello del saggio d'interesse monetario comportava una diminuzione degli investimenti e dei profitti e, di conseguenza, la crisi. Fino alla fine degli anni Trenta, quando già il saggio d'interesse a lungo termine aveva subito una sensibile riduzione, Keynes continuò a ripetere che comunque il suo livello era ancora elevato se messo in relazione a quello vigente negli anni precedenti la prima guerra mondiale. Le spiegazioni addotte per giustificare questo fenomeno anch'esse rimasero sostanzialmente immutate. La prima guerra mondiale aveva prodotto, secondo Keynes, un'abnorme lievitazione del saggio d'interesse, per finanziare le spese di guerra prima e poi per sostenere la ricostruzione nei diversi paesi[28]. Successivamente il boom azionario della borsa di New York e le aspettative degli operatori che cominciavano a considerare l'elevato saggio d'interesse un elemento ormai costante, avevano impedito un ritorno dello stesso a livelli ' normali ' rispetto a tutto il periodo precedente e comunque più adatti a sostenere la produzione industriale. Il cambiamento di approccio analitico, realizzatosi in quegli anni e culminato con la pubblicazione della *Teoria generale*, fece sì che, con l'andar del tempo, venisse meno in Keynes la fiducia che il saggio d'interesse potesse decrescere automaticamente o comunque a seguito di un'adatta politica monetaria. Fino grosso modo al '32 Keynes era stato convinto che il saggio d'interesse sarebbe presto tornato ai

[26] In realtà l'analisi di Keynes si differenzia dalle interpretazioni monetarie di quel periodo (ad es. Hawtrey) per la particolare attenzione rivolta anche al clima delle aspettative del mondo industriale: in questo contesto l'evoluzione del tasso d'interesse provocava degli effetti ancora più dannosi per il contemporaneo crollo del clima di fiducia.

[27] J. M. Keynes, *An Economic Analysis of Unemployment*, conferenza tenuta alla Harris Foundation nel 1931 [CWK, vol. XIII, pp. 343-67].

[28] J. M. Keynes, *Trattato della moneta* cit., pp. 526-32.

livelli prebellici. Dopo questa data cominciò invece a nutrire forti perplessità al proposito e, pur non cessando di fornire indicazioni sul modo migliore di ridurre, attraverso un intervento sui mercati monetari e finanziari, il saggio d'interesse a lungo termine, cominciò a guardare alla manovra fiscale come alla principale politica da seguire per uscire dalla crisi. L'attenzione rivolta al saggio d'interesse lo portava inoltre a scindere nettamente la sua analisi della crisi non solo da quella dell'economia tradizionale ma anche, come si può verificare in *Povertà nell'abbondanza*[29] (incluso in questa raccolta), dalle posizioni più eterodosse dei teorici del sottoconsumo. Non è, dice Keynes, la sperequata distribuzione del reddito che, inibendo la capacità globale di consumare, rappresenta la causa della caduta del livello di attività ma invece questa si deve ricercare nel perverso andamento del saggio d'interesse.

Nella valutazione delle proposte di politica economica di Keynes bisogna tener ovviamente presente anche l'evoluzione delle condizioni economiche. In questo senso l'uscita della Gran Bretagna dal gold standard (21 settembre 1931) rappresentò lo spartiacque tra due 'pacchetti' di proposte diversi in numerosi aspetti. L'elemento centrale di questa diversità fu l'atteggiamento verso il saggio d'interesse. Fino a quando la Gran Bretagna aveva aderito al gold standard ogni politica tesa a diminuire il saggio di interesse aveva sofferto di limiti evidenti. Nella misura in cui tale politica non era infatti seguita anche dalle altre nazioni, a meno che la bilancia commerciale inglese non subisse un netto miglioramento, non era possibile spingere il saggio d'interesse molto in basso, pena insostenibili squilibri nella bilancia dei pagamenti. Questo comportava che, se non si voleva attendere fatalisticamente l'evolversi degli eventi, occorreva trovare altri sistemi con cui affrontare la situazione. È così che Keynes passò in rassegna tutti i possibili rimedi, cercando di individuare volta per volta quelli più praticabili.

Caratteristica generale dell'atteggiamento keynesiano di

[29] J. M. Keynes, *Poverty in Plenty: is the Economic System Self-adjusting?*, «The Listener», 21-11-1934 [CWK, vol. XIII, pp. 485-92].

fronte alle questioni di politica economica era l'estremo pragmatismo. Ciò comportava in primo luogo un'attenzione particolare alle condizioni specifiche in cui queste proposte dovevano essere avanzate. Alcune iniziative utili per un certo periodo potevano portare a risultati completamente diversi se sviluppate in altre condizioni: ciò spingeva Keynes ad aggiornare continuamente le proprie proposte, riconsiderandole ogni volta che si fossero verificati fatti nuovi. In secondo luogo il pragmatismo conduceva Keynes a non concentrarsi esclusivamente su una proposta ma anzi ad individuare tutta una gamma di strumenti atti a risolvere un particolare problema. Un esempio assai convincente di questo atteggiamento lo troviamo in *La congiuntura economica*[30] (incluso nella presente raccolta). Non che non ci fosse una gerarchia tra tali strumenti, ma egli era comunque disposto ad accettare proposte capaci di migliorare la situazione anche se esse non rappresentavano l'*optimum*. E in ultimo per Keynes era decisivo proporre quelle manovre di politica economica che avessero una qualche probabilità di essere accolte da una buona parte di opinione pubblica e, soprattutto, da qualche partito. Quando, per esempio, alla vigilia dell'uscita dell'Inghilterra dal gold standard, egli si domandò se occorresse svalutare la sterlina, l'argomento decisivo fu semplicemente che nessun partito politico appoggiava tale proposta e ciò era sufficiente per tentare altre strade[31]. È utile tener presente queste caratteristiche dell'atteggiamento di Keynes perché generalmente si sottolinea soltanto il carattere radicale e anticonformista delle sue prese di posizione. Se era sicuramente presente in Keynes una certa dose di radicalismo questa si basava però su elementi consolidati del senso comune e non superava mai alcune soglie di guardia: c'era cioè in Keynes una continua attenzione alle possibilità concrete di modificare la situazione e una preoccupazione particolare nell'evitare di fare della semplice testimonianza.

[30] J. M. Keynes, *The State of Trade*, promemoria per il Primo Ministro (21-7-1930), [CWK, vol. XX, pp. 370-84].

[31] J. M. Keynes, *Esortazioni e Profezie*, Il Saggiatore, Milano 1968, p. 218.

Non di meno egli era fiducioso che l'opinione pubblica avrebbe prima o poi condiviso le « nuove » proposte di politica economica che dovevano portare al superamento della crisi. Keynes è del tutto certo che non esista problema economico a cui non si possa dare soluzione. Anzi, se andiamo a rileggere l'introduzione da lui scritta a *Esortazioni e profezie*, vediamo che la sua presunzione illuminista si spinge fino al punto di negare ogni carattere di « necessità » *alle* difficoltà economiche. Tenace e singolare impasto il suo di ragione e ottimismo che lo porta, negli anni peggiori della crisi, ad affermare:

> « Il problema economico », come possiamo definirlo per brevità, il problema del bisogno e della miseria, e la lotta economica fra classi e paesi, non è che un terribile pasticcio, un pasticcio contingente e non necessario. Infatti, il mondo occidentale dispone già delle risorse, ove sapesse creare l'organizzazione per utilizzarle, capaci di relegare in una *posizione di secondaria importanza* il « problema economico » che assorbe oggi le nostre energie morali e materiali.

Va comunque sottolineata anche la valenza positiva di questo ottimismo che, insieme alla capacità innovatrice e al pragmatismo di cui si accennava sopra, rappresenta una eredità preziosa, troppo spesso dimenticata, e a cui dovremmo invece attingere per affrontare i problemi che ci pone la crisi dei nostri giorni.

Vediamo però più in dettaglio quali furono le proposte di politica economica avanzate da Keynes. Ciò verrà fatto suddividendo in due il periodo in cui la Gran Bretagna è stata soggetta a difficoltà economiche, periodo il cui inizio, come abbiamo rilevato sopra, può essere fatto risalire all'anno del ritorno della sterlina alla parità aurea. I due periodi sono divisi dalla data dell'abbandono del gold standard: un evento che modificò sensibilmente la natura della situazione economica e perciò anche le politiche da intraprendere.

Le proposte del periodo 1925-31

Il periodo 1925-31 è quello del ritorno al gold standard dell'Inghilterra. Keynes si era a lungo battuto affinché tale scelta venisse rinviata, vedendo il rischio di indebolimento della bilancia commerciale. Il ritorno alla parità aurea prebellica voleva infatti dire una rivalutazione della sterlina di circa il 10% e questo avrebbe reso indubbiamente la vita più difficile alle merci inglesi, cosa che infatti avvenne puntualmente. Al fine di recuperare quei margini di concorrenzialità che il cambio aveva eroso il problema che si presentò all'ordine del giorno fu quello della riduzione dei costi interni, cioè della riduzione dei salari monetari. Keynes stesso subito dopo il ritorno all'oro della sterlina sottolineò la necessità di un drastico taglio dei salari monetari [32]. Lo sciopero dei minatori culminato poi nello sciopero generale, che pure si risolse in una sconfitta, fu sufficiente a convincerlo dell'impossibilità pratica di realizzare tale politica. Così negli anni successivi, fino alla pubblicazione della *Teoria generale* [33], pur continuando a ritenere che una diminuzione dei salari monetari avrebbe risolto il problema crescente della disoccupazione [34], egli manifestò forti perplessità sull'opportunità pratico-politica di tale proposta [35]. Al riguardo

[32] J. M. Keynes, *Le conseguenze economiche di W. Churchill*, in *Esortazioni e profezie* cit., pp. 189-207.

[33] Nella *Teoria generale* Keynes maturò la convinzione che non era nelle possibilità dei lavoratori stabilire il livello dei salari reali. Una diminuzione dei salari monetari poteva non avere alcun effetto sulla situazione economica.

[34] Come egli spiegò con grande chiarezza nel Macmillan Committee, la disoccupazione era dovuta all'elevato saggio d'interesse e questo a sua volta si era reso necessario per il mantenimento dell'equilibrio esterno. Un'eventuale diminuzione dei salari monetari avrebbe potuto aumentare l'occupazione solo in virtù dell'influenza che tale diminuzione poteva esercitare sul saggio d'interesse. Più bassi salari avrebbero migliorato la bilancia commerciale consentendo così un più basso livello del saggio d'interesse. Da qui si sarebbe verificata una ripresa degli investimenti, del livello generale di attività e, quindi, dell'occupazione. Era questo infatti il classico modello di funzionamento del gold standard. L'automatismo di tale sistema era dato dal fatto che di solito un certo livello di disoccupazione indeboliva il movimento sindacale e provocava una compressione dei salari. Ciò però non avvenne in quegli anni a causa, come disse Keynes, di due sostanziali differenze rispetto al periodo precedente: la forza del movimento sindacale e la natura strutturale delle difficoltà incontrate dalle merci inglesi sui mercati internazionali.

[35] J. M. Keynes, CWK, vol. XX, p. 377.

Keynes svolse in quegli anni un duplice ruolo. Da una parte cercò di convincere i responsabili del Governo, del Tesoro e della Banca d'Inghilterra a trovare altre soluzioni. Dall'altra, come appare chiaramente nell'articolo *Il problema degli alti salari* [36] (incluso nella presente raccolta), si sforzò di modificare l'atteggiamento sindacale, mostrando come una riduzione dei salari monetari potesse essere bilanciata da migliori e più estesi servizi sociali. Il fallimento di quest'ultimo tentativo, dovuto alla forza e all'intransigenza del movimento sindacale e a un quadro politico indubbiamente ad esso favorevole, spiega il parziale successo sull'altro versante. In effetti per tutto il periodo della crisi non ci fu nessun serio tentativo da parte governativa di imporre una generalizzata diminuzione dei salari monetari. Tutto ciò non portò però il governo alla scelta di politiche alternative quanto piuttosto a un relativo immobilismo sulle questioni di politica economica, almeno in questa prima fase.

L'analisi del funzionamento del gold standard portava Keynes a essere molto cauto nel proporre politiche monetarie volte ad una drastica diminuzione del saggio d'interesse. Fino a quando anche le altre nazioni non avessero perseguito la stessa politica, l'Inghilterra non poteva andare avanti da sola, pena la rottura dell'equilibrio della bilancia dei pagamenti. Keynes sottolineava quindi l'importanza di un'azione internazionale per concertare una comune diminuzione dei tassi. Nel contempo pensava si potesse ottenere qualche buon risultato cercando di isolare parzialmente il mercato finanziario interno da quello internazionale. Ciò poteva essere fatto, come per esempio indicava l'esperienza francese, tassando i redditi prodotti da titoli stranieri e rendendo così possibile una diminuzione del costo del denaro all'interno del paese.

Certo la soluzione più drastica sarebbe stata quella che poi gli avvenimenti avrebbero imposto: l'abbandono della parità aurea. Ma su questo Keynes era stato esplicito in diverse occasioni: una volta che si era tornati nel gold stan-

[36] J.M. Keynes, *The Question of High Wages*, «The Political Quarterly», 1930 [CWK, vol. XX, pp. 3-16].

dard non lo si poteva abbandonare senza gettare gravi ombre sulla capacità di Londra di essere il cuore del mercato finanziario internazionale. Ciò nonostante l'incalzare degli eventi portò Keynes a ritenere che prima o poi la sterlina avrebbe dovuto essere svalutata: pensava comunque che ciò si sarebbe dovuto realizzare in tempi più lunghi, cosicché l'uscita dell'Inghilterra dal gold standard lo colse di sorpresa [37]. Quando infatti come condirettore dell'Indipendent Investment Trust gli fu chiesto un parere sull'opportunità di trasformare prestiti in dollari in altrettanti prestiti in valuta inglese, così da trarre vantaggio da una possibile svalutazione della sterlina, Keynes si oppose decisamente. Questo comportò per l'Indipendent Investment Trust una perdita di 40.000 sterline [38].

Data la difficile praticabilità della politica di basso costo del denaro e di quella basata sulle riduzioni salariali, Keynes cercò di affrontare il problema della disoccupazione principalmente con altri due strumenti: opere pubbliche e imposizione tariffaria.

Per quanto riguarda le opere pubbliche negli anni Venti si era sviluppato in Inghilterra un vivace dibattito le cui origini possono essere fatte risalire ai grossi programmi per lo sviluppo dei servizi sociali dei primi anni del Novecento. Era stato Pigou il primo economista di rilievo ad entrare nel merito della questione sostenendo che le opere pubbliche potevano avere un'influenza positiva sull'occupazione [39]. Proprio queste opinioni erano state il bersaglio delle crescenti critiche del Tesoro. In una delle migliori esposizioni del punto di vista del Tesoro sull'argomento, Hawtrey [40] critica per l'appunto Pigou sostenendo che rilevanti programmi di spesa pubblica non contribuiscono assolutamente

[37] L'atteggiamento di Keynes può essere spiegato, in via ovviamente ipotetica, anche dalla consapevolezza che egli aveva dell'influenza di una sua presa di posizione sull'argomento: era indubbio che un pronunciamento di Keynes a favore del deprezzamento della sterlina avrebbe acuito ancor di più la tensione sul mercato dei cambi, rendendo ineluttabile la svalutazione e, probabilmente, ad un livello ancor più basso di quello che si è poi verificato.

[38] J. M. Keynes, CWK, vol. XX, pp. 611-2.

[39] A. C. Pigou, *Wealth and Welfare*, London 1912.

[40] R. G. Hawtrey, *Public Expenditure and the Demand for Labour*, « Economica », 1925.

all'aumento della produzione e dell'occupazione ma spostano soltanto le risorse dal settore privato a quello pubblico. Se poi tali iniziative sono accompagnate da politiche creditizie espansive, sono quest'ultime le effettive artefici di un possibile incremento dell'occupazione e non la politica di spesa pubblica in se stessa.

Quando Keynes entrò nel dibattito, per appoggiare il programma di spese pubbliche di Lloyd George, non fece che sostenere alcune delle posizioni di Pigou, arricchendole però di alcune nuove motivazioni. Il programma di opere pubbliche, in presenza di una politica creditizia espansiva, non solo non era superfluo, o peggio causa di distorsioni del tessuto produttivo, ma era il necessario complemento di tale politica. Se infatti si dava inizio a una politica di ' denaro facile ' era probabile che la reazione degli imprenditori sarebbe stata lenta e gli investimenti non sarebbero aumentati se non dopo un certo lasso di tempo. Questo avrebbe condotto il saggio d'interesse a livelli troppo bassi rispetto alle compatibilità esterne. Si sarebbe cioè verificato un massiccio spostamento di capitali all'estero [41]. Le opere pubbliche erano dunque indispensabili per condurre una politica espansiva senza aumentare le tensioni della bilancia dei pagamenti: avrebbero costituito da subito una domanda addizionale capace di mantenere il saggio d'interesse al di sopra dei livelli di guardia [42]. Keynes sosteneva

[41] J. M. Keynes, *Esortazioni e profezie* cit., p. 104.

[42] È opportuno soffermarci un momento sul timore del Tesoro relativo ad un possibile aumento del saggio d'interesse, timore che era alla base dell'ostilità verso rilevanti programmi di spesa pubblica. Bisogna ricordare che, come effetto del modo in cui la Gran Bretagna aveva finanziato le spese della prima guerra mondiale, il bilancio dello Stato era notevolmente appesantito dal pagamento degli interessi per il debito di guerra. La percentuale del pagamento di interessi sul totale della spesa pubblica centrale aumentò dall'11% del 1913 ad oltre il 40% della seconda metà degli anni Venti. Il problema che quindi si poneva al Tesoro in quel periodo era come operare una conversione del debito di guerra in un debito a più basso saggio d'interesse. Questa manovra poteva aver successo solo se il livello del saggio d'interesse a lungo termine non aumentava e, se possibile, diminuiva. In effetti tale manovra fu attuata, e con grande successo, solo dopo l'abbandono del gold standard; quando cioè fu allentato il vincolo esterno il quale, come dicevamo sopra, impediva al tasso d'interesse di scendere. Comunque, per tutti gli anni Venti, il peso degli interessi da pagare rappresentò un deterrente notevole ad ogni tentativo di aumento della spesa pubblica, soprattutto per le tensioni che questo poteva generare sul mercato monetario e finanziario.

inoltre che il saggio d'interesse non dipendeva da variabili interne ma essenzialmente dall'andamento dei mercati finanziari internazionali. Non era quindi per nulla scontato che una maggiore disponibilità per spese pubbliche avrebbe generato un aumento nel saggio d'interesse a lungo termine[43].

Data però la riluttanza del Tesoro ad accettare rilevanti aumenti di spesa, Keynes cominciò a caldeggiare un'altra iniziativa che sperava potesse ottenere più ampi consensi: l'imposizione di una tassa generalizzata su tutte le importazioni. È questo un chiaro esempio dell'attitudine di Keynes rispetto alle scelte di politica economica. Egli era stato da sempre un libero-scambista e, all'inizio degli anni Venti, aveva criticato aspramente le posizioni protezionistiche. Ma, data l'impraticabilità delle altre politiche, l'imposizione di barriere doganali poteva rappresentare la scelta più opportuna tra quelle disponibili. Anche questa iniziativa suscitò vivaci polemiche. Lionel Robbins scrisse infuocate lettere sul « New Statesman and Nation » ricordando tutta la positiva esperienza inglese in materia di libero scambio. Comunque la crisi ormai maturava e prima l'uscita dal gold standard poi l'imposizione di barriere tariffarie segnarono il prevalere nell'opinione pubblica inglese di sentimenti più nazionalistici. C'è da osservare che quasi tutte le nazioni con il procedere della crisi avevano eretto barriere doganali mentre invece fino al 1931 l'Inghilterra, insieme a pochi altri paesi, si era astenuta da tale iniziativa. È evidente che le argomentazioni dei liberoscambisti erano valide nella misura in cui anche le altre nazioni le seguivano. Era indubbiamente difficile sostenere la bontà della libertà dei commerci all'inizio degli anni Trenta, quando le barriere doganali erano un dato comune alla larga maggioranza delle nazioni.

Le proposte del periodo 1932-39

L'abbandono della parità aurea e il diradarsi dei dubbi sulla tenuta di Londra come centro del sistema finanziario

[43] J. M. Keynes, *Esortazioni e profezie* cit., p. 107.

internazionale avrebbero dovuto rendere Keynes assai ottimista sul futuro dell'economia inglese. Da una parte le merci inglesi recuperavano ampi margini di concorrenzialità, dall'altra la politica di diminuzione del livello del saggio d'interesse a lungo termine era finalmente praticabile. Secondo lo schema analitico del *Trattato della moneta* tale politica non avrebbe più incontrato ostacoli e il più basso costo del denaro, stimolando gli investimenti, avrebbe gettato le premesse per la ripresa economica.

Ma già da allora Keynes cominciava a essere scettico sui risultati che la sola politica monetaria era in grado di ottenere. I primi dubbi gli erano venuti durante il suo viaggio negli Stati Uniti nel '31. In questo paese, a differenza dell'Inghilterra, la politica del basso costo del denaro poteva essere portata avanti senza grosse preoccupazioni per l'equilibrio esterno, in conseguenza della ridotta dipendenza dall'estero dell'economia americana. Nonostante questo Keynes si accorse che quel meccanismo più o meno automatico che tendeva a far decrescere il saggio d'interesse una volta raggiunto il punto più basso del ciclo economico, nel caso dell'economia americana, si era inceppato. Le banche, ancora sotto shock per la crisi creditizia e finanziaria, cercavano di sostituire quanto più possibile attività a lunga scadenza con titoli a breve. Questa ' preferenza per la liquidità ' arrivava a contagiare il pubblico stesso che preferiva ritirare il denaro depositato in banca e magari tenerlo in cassette di sicurezza[44]. La situazione per le banche diventava così ancora più difficile, spingendole ad accentuare la quota di attività liquide nei loro portafogli. L'effetto di questa situazione era che, nonostante la politica delle autorità monetarie, il saggio d'interesse a lungo termine rimaneva elevato mentre quello a breve scendeva a livelli assai bassi. Una conferma obiettiva della teoria della preferenza per la liquidità, esposta nella *Teoria generale*, si può appunto trovare in questa ampia divaricazione tra saggio a breve e saggio a lungo termine che fu una caratteristica costante dell'economia americana e inglese durante tutti gli anni della crisi.

[44] J. M. Keynes, CWK, vol. XX, pp. 561-86.

L'abbandono della parità aurea sembrava comunque aver migliorato le prospettive dell'economia inglese. La politica di denaro a buon mercato poteva contare su ampi consensi. In primo luogo si desiderava evitare un nuovo apprezzamento della sterlina e si pensava che un basso saggio di interesse avrebbe evitato considerevoli afflussi di capitali stranieri. In secondo luogo il Tesoro stesso voleva attuare una tale politica e questo per due ragioni principali: da una parte, seguendo la sua filosofia liberista, il Tesoro puntava appunto su una ripresa ' naturale ' dell'attività economica, stimolata dal basso costo del denaro. Dall'altra, come abbiamo visto sopra, la diminuzione del saggio d'interesse avrebbe consentito la conversione del debito di guerra con un evidente giovamento per il bilancio dello Stato. Bisogna inoltre considerare che si era verificato un mutamento delle aspettative degli operatori economici, e delle banche in particolare, riguardo all'andamento futuro del saggio di interesse. Si era diffusa infatti la convinzione che il saggio d'interesse allora prevalente fosse troppo elevato in rapporto alla situazione economica e che quindi dovesse calare [45]. Tutto ciò spiega quindi il successo della conversione del debito di guerra dal 5% al 3,5%: il saggio d'interesse a lungo termine si stabilizzò a quest'ultimo livello e lì grosso modo rimase per tutta la durata della depressione (anche se nel 1936-37 ci fu una tendenza al rialzo). Ora è da notare che per Keynes il 3-3,5 non rappresentava per nulla un basso saggio d'interesse. Per tutto questo periodo egli suggerì manovre d'intervento sui mercati finanziari al fine di ottenere un più basso saggio. Ma un po' per l'insensibilità delle autorità monetarie e del Tesoro [46], un po' per una radicata preferenza per la liquidità da parte degli istituti finanziari e creditizi, il saggio d'interesse rimase sostanzialmente stabile.

Fu appunto in questi anni che Keynes sviluppò appieno la sua teoria delle scelte di portafoglio. Sin dall'articolo

[45] E. Nevin, *The Mechanism of Cheap Money*, Cardiff 1955.

[46] Sayers sostiene che ancora in quegli anni non era chiaro al Tesoro il modo in cui operare sui mercati a breve e a lungo termine.

sull'« Economic Journal » del 1932 [47], nel quale sottolinea l'importanza del successo della conversione del debito di guerra, fino a quelli sul « Times » del 1939 [48] sul modo di finanziare le spese di riarmo, Keynes non mancò di mostrare come l'intervento delle autorità monetarie e del Tesoro dovesse tener conto della struttura delle preferenze degli operatori finanziari. In particolare negli articoli sul « Times » del '39, che risentirono evidentemente del precedente dibattito con Ohlin sull'« Economic Journal » [49], Keynes sostenne che la spesa per il riarmamento dovesse essere in primo luogo finanziata con titoli a breve termine e poi successivamente, quando la grande sete degli istituti finanziari per la liquidità era stata placata, si poteva convertire questo debito a breve in uno a più lunga scadenza. Tale manovra avrebbe consentito l'attuazione di massicci programmi di riarmo senza per altro generare pericolose tensioni al rialzo nel saggio d'interesse.

In quegli anni Keynes era nel frattempo arrivato a conclusioni assai drastiche sul *modus operandi* della politica monetaria. La presenza di una domanda di moneta a scopo precauzionale e speculativo attenuava fortemente la correlazione tra saggio d'interesse e ciclo economico, in particolare durante i periodi di depressione. Perciò le autorità monetarie dovevano evitare che nelle fasi di ripresa il saggio d'interesse venisse spinto in alto, dato che poi, col sopraggiungere della crisi, non c'era la garanzia di un analogo movimento al ribasso. Il modo migliore per evitare spinte inflazionistiche era dunque operare con la politica fiscale mentre la politica monetaria doveva limitarsi a stabilizzare il saggio d'interesse nel lungo periodo ai valori più bassi possibili [50]. Il saggio d'interesse da strumento diventava così un puro e semplice obiettivo della politica economica di breve periodo.

[47] J. M. Keynes, *A Note on the Long-term Rate of Interest in Relation to the Conversion Scheme*, « The Economic Journal », 1932 [CWK, vol. XXI, pp. 114-25].

[48] J. M. Keynes, *Borrowing by the State*, « The Times », 24/25-7-1939 [CWK, vol. XXI, pp. 551-64].

[49] J. M. Keynes, CWK, vol. XIV, pp. 201-33.

[50] D. E. Moggridge - S. Howson, *Keynes on Monetary Policy, 1910-1946*, « Oxford Economic Papers », 1974.

È con queste convinzioni di fondo che Keynes, con il pamphlet del '33 *Mezzi per raggiungere il benessere economico*, riprese la battaglia per un più ampio programma di opere pubbliche. Bisogna tener presente che, a differenza della politica del basso costo del denaro, l'aumento della spesa pubblica suscitava ancora aspre polemiche soprattutto negli ambienti del Tesoro. Alle vecchie motivazioni degli anni Venti, basate essenzialmente sugli effetti negativi di un trasferimento di fondi dal settore privato a quello pubblico, si erano aggiunte nuove perplessità basate su elementi più concreti. Quando Hopkins, personaggio di primo piano del Tesoro, espose il proprio punto di vista dinanzi al Macmillan Committee, sostenne che gli ostacoli maggiori a mettere in pratica un massiccio programma di opere pubbliche erano costituiti principalmente da due elementi: in primo luogo la difficoltà concreta di trovare e di portare a compimento programmi ampi in un lasso di tempo relativamente breve e in secondo luogo il rischio che tali opere pubbliche potessero invadere settori dove il capitale privato ancora operava con profitto. L'esempio che Hopkins portò al riguardo fu quello dello sviluppo di un'ampia rete di strade: un tale programma avrebbe indubbiamente interferito con il sistema ferroviario, allora ancora privato. Le opere pubbliche non sollevavano quindi solo una questione di flussi finanziari ma anche un problema di ridimensionamento delle aree lasciate disponibili all'iniziativa privata. Ovviamente Keynes non mancò di rispondere a entrambe queste obiezioni e riconobbe implicitamente la realtà del problema di trovare con rapidità programmi attuabili di spesa pubblica. Non solo infatti dedicò a tale questione diversi articoli durante gli anni peggiori della depressione [51], ma anche successivamente, in uno scritto del '37 *Come evitare una crisi* [52] (incluso in questa raccolta), si soffermò sulla necessità di istituire un organismo preposto appunto alla formulazione di piani da attuare in poco tempo nel caso se ne presentasse la necessità. In quegli anni rimaneva comunque

[51] Si veda ad esempio *Programme for Unemployment*, « The New Statesman and Nation », 4-2-1933 [CWK, vol. XXI, pp. 154-61].

[52] J. M. Keynes, *How to Avoid a Slump*, « The Times », 12/14-1-1937 [CWK, vol. XXI, pp. 384-95].

convinto della possibilità di sviluppare con successo ampi programmi per l'edilizia abitativa, per l'ampliamento della rete stradale, per l'elettrificazione delle ferrovie e per la estensione dei servizi sociali. Riguardo alla capacità degli organismi statali esistenti di essere i soggetti primari di questa iniziativa, Keynes era del tutto convinto che in Inghilterra l'apparato amministrativo dello Stato fosse in grado di sostenere tali prove. Anzi per lui era molto importante che l'iniziativa delle opere pubbliche venisse affidata a organi 'tecnici'[53] parzialmente slegati dal potere politico[54].

Il secondo ordine di problemi, legato ai rischi di un ridimensionamento del settore privato ad opera di una maggiore spesa pubblica, fu affrontato da Keynes attraverso il nuovo strumento analitico messogli a disposizione da Kahn, cioè il moltiplicatore[55]. Attraverso il moltiplicatore si vede come la spesa pubblica non riduca l'iniziativa privata ma, al contrario, come quest'ultima tragga vantaggio dalle ripercussioni che un iniziale aumento di spesa produce sull'intero sistema economico. Questo meccanismo funziona fino a quando non si raggiunge la piena occupazione: successivamente l'aumento di domanda ha effetto solo sui prezzi. Quest'ultima eventualità non era comunque molto probabile nell'Inghilterra degli anni Trenta.

Il moltiplicatore forniva a Keynes anche una seconda arma nella polemica contro il Tesoro: attraverso l'occupazione generata in maniera indiretta, l'aggravio di bilancio per le casse dello Stato, derivante da programmi di spesa pubblica, poteva essere ampiamente compensato dalla diminuzione dei contributi per la disoccupazione e dall'aumento del reddito imponibile.

In questa polemica Keynes, benché avesse dalla sua parte i titolari delle cattedre di Economia Politica delle

[53] J. M. Keynes, CWK, vol. XXI, pp. 91-2.

[54] Mi pare importante sottolineare questo aspetto soprattutto alla luce del presente dibattito sulle distorsioni che il ciclo politico ha indotto nelle politiche di spesa pubblica durante tutto il periodo del secondo dopoguerra.

[55] R. F. Kahn, *The Relation of Home Investment to Unemployment*, « Economic Journal », 1931.

due maggiori Università inglesi (Oxford e Cambridge)[56], non ebbe comunque successo. La ripresa cominciata con la fine del '32, ad opera essenzialmente della costruzione privata di case, rendeva il Tesoro ancora più impermeabile alle critiche di Keynes; così nessun serio tentativo di aumento della spesa ebbe luogo durante tutti gli anni Trenta, se si escludono ovviamente le spese per il riarmo che non avevano certamente motivazioni di ordine economico.

Per avere comunque un'idea più chiara del dibattito sulla spesa pubblica e in generale sull'intervento dello Stato è opportuno collegarlo ad un altro tema, che fu molto discusso in quegli anni: il tema della programmazione.

Razionalizzazione, programmazione e spesa pubblica

Durante la seconda metà degli anni Venti e poi per tutto il periodo della grande crisi si era sviluppato in Inghilterra e negli Stati Uniti un intenso dibattito, dal quale erano poi scaturite anche iniziative concrete, su quella che allora veniva chiamata ' razionalizzazione '. Con questo termine si voleva indicare una ristrutturazione interna a un settore industriale che mirava a stabilizzare, e se possibile ad aumentare, i prezzi controllando le quantità prodotte: in poche parole, qualcosa simile alla ' cartellizzazione '. In un significato più ampio ' razionalizzazione ' voleva anche dire operare una vera e propria ristrutturazione tra settori, nel tentativo di adattare il tessuto produttivo alle mutate caratteristiche della domanda. In questo senso la stessa costituzione dell'Economic Advisory Council era vista come un modo per affrontare in maniera più globale questa esigenza[57]. La proposta di razionalizzare i vari comparti indu-

[56] Si veda la lettera sul « Times » del 17-10-1932 firmata da Macgregor (professore di Economia politica a Oxford), Pigou (professore di Economia politica a Cambridge), Keynes, Layton Salter e Stamp [CWK, vol. XXI, pp. 138-9].

[57] S. Howson - D. Winch, *The Economic Advisory Council*, Cambridge 1977, pp. 158-64.

striali proveniva essenzialmente dagli imprenditori e l'esponente principale di questo orientamento era, in Inghilterra, Macmillan, conservatore ma dell'ala più progressista del partito. Il prolungarsi della crisi economica spingeva questi settori del mondo imprenditoriale a cercare una via d'uscita dalla depressione non più nella diretta diminuzione del costo del lavoro ma in una profonda ristrutturazione dell'apparato *produttivo*. Tali tematiche trovavano alimento non solo nelle drammatiche condizioni della crisi ma, più in generale, nelle profonde innovazioni introdotte dal taylorismo all'inizio del secolo e nel crescente sviluppo dei monopoli. C'era da una parte la consolidata fiducia nella ' scienza ', comunque in grado di sviluppare considerevolmente l'organizzazione del lavoro, e dall'altra la convinzione che forme di mercato più o meno monopolistiche costituissero un argine alla spirale deflazionistica che stava falcidiando il tessuto produttivo.

Non è questa la sede per affrontare il problema della valutazione dell'influenza del settore non concorrenziale sul propagarsi della crisi. È del tutto evidente[58] che, dove la struttura non era concorrenziale, i prezzi erano relativamente rigidi verso il basso, a spese di una maggiore riduzione nella produzione, e ciò è senz'altro una causa della più elevata disoccupazione in relazione a quanto era successo nelle precedenti crisi. Ciò nonostante, qui si vuole sottolineare come questo fenomeno non fosse una mera *causa della profondità della depressione* ma anche un effetto di essa. Effetto tutt'altro che accidentale ma voluto con determinazione da ampia parte del settore industriale, spesso sostenuta in questo dal governo centrale[59].

Ora il passo dalla ' razionalizzazione ' di un settore alla programmazione di tutta la struttura industriale non è poi così lungo. E in effetti prima in Europa e poi negli Stati Uniti si cominciò, proprio a partire dalle esperienze del monopolio, a parlare di programmazione[60]. Per prendere

[58] M. Dobb, *Problemi di storia del capitalismo*, Editori Riuniti, Roma 1980^3, pp. 363-77.

[59] E. J. Hobsbawm, *op. cit.*, pp. 214-8.

[60] Il riferimento a Rathenau (figlio del fondatore della AEG tedesca) è d'obbligo come quello a tutta la scuola storica tedesca e, dall'altra parte

un esempio guardiamo alla posizione espressa da Tugwell, professore alla Columbia University (N. Y.) e, insieme a Berle, uno dei principali ispiratori della prima fase del New Deal. Tugwell era consapevole delle profonde implicazioni di ordine istituzionale che avrebbe comportato la programmazione. Ciò nonostante era convinto che, anche se gradualmente, questa era la strada da percorrere. La sua convinzione era basata sulla scissione, ormai prevalente in ampi settori industriali, tra proprietà e controllo, sulle potenzialità tutte ancora da dispiegare del taylorismo, sulla nocività sociale dei profitti [61]. Che le difficoltà istituzionali fossero alla fin fine decisive lo dimostra la precoce fine del National Recovery Administration (N.R.A.), sospeso dalla Corte Suprema nel '35. Ma di questo parleremo in seguito a proposito del New Deal.

In Inghilterra il dibattito sulla programmazione fu meno vivace e approfondito di quello americano ma ciò nonostante ebbe una certa risonanza grazie soprattutto a Macmillan [62] e alla baronessa Wootton, tanto che lo stesso Rob-

dell'oceano, a Swope (presidente della General Electric Company), Tugwell, Berle, Means e alla scuola istituzionale americana. Non si può tralasciare di ricordare inoltre che l'esperienza dell'economia di guerra, durante il primo conflitto mondiale, aveva accelerato questo processo, come Rathenau giustamente aveva rilevato (*L'economia Nuova*, 1918, pp. 22-3). Vero è che l'idea della programmazione fu ampiamente dibattuta anche in seguito al Piano Quinquennale sovietico. Ma l'impressione che si ricava da quel dibattito è che i socialisti e i comunisti nel parlare di programmazione non pensavano tanto a qualcosa che si potesse attuare in un paese capitalistico quanto all'organizzazione-tipo del socialismo realizzato. In questo senso è sicuramente vero quanto Keynes, ma anche altri (ad es. A. Sturmthal, *The Tragedy of European Labour*, New York 1943) spesso dicevano: le basi economiche di gran parte della sinistra erano fortemente inquinate dall'idea del *laissez faire*. Troviamo un'ulteriore conferma di ciò nel pamphlet di Laski (il quale insieme con Strachey e Gollancs faceva parte del 'triumvirato' del Left Book Club) in cui l'uso dei tecnici per posti governativi viene aspramente criticato (H. Laski, *The Limitation of the Expert*, 1931).

[61] R. G. Tugwell, *The Principle of Planning and the Institution of Laissez Faire*, «American Economic Review», 1932.

[62] L'analisi e le proposte di Macmillan differivano comunque da quelle di Tugwell in almeno due punti principali: Macmillan era molto meno sensibile di Tugwell alle tematiche relative al miglioramento delle condizioni sociali e, in secondo luogo, era per un diretto coinvolgimento degli imprenditori nelle iniziative di programmazione, ridimensionando il ruolo che lo Stato poteva giocare. Si veda H. Macmillan, *Reconstruction - A Plea for a National Policy*, London 1933.

bins si soffermò a lungo, nel suo libro sulla crisi, sulla critica di queste posizioni [63].

Quale fu la collocazione di Keynes rispetto a questo dibattito? Egli affrontò il problema diverse volte: la prima con *La fine del « laissez faire »* [64], poi nella discussione radiofonica sulla pianificazione [65] e nell'articolo *Autosufficienza nazionale* [66] (questi ultimi due interventi inclusi nella presente raccolta). Il suo punto di vista sulla questione emerge comunque svariate volte in altri articoli scritti negli anni Trenta.

Il nocciolo della posizione keynesiana è il seguente: il *laissez faire* non funziona più; questo però non vuol dire che bisogna sostituire il mercato con un meccanismo diverso più o meno basato sulla programmazione. La ' mano invisibile ' è ancora il modo migliore con il quale le risorse possono essere allocate tra i vari agenti economici. C'è però il problema di eliminare un *gap* tra la produzione potenziale e quella effettiva, problema che deve essere risolto dall'intervento statale. In questo senso la programmazione è vista soprattutto come strumento per creare domanda addizionale, agendo essenzialmente in settori le cui potenzialità non sono esaurite dall'impresa privata: case, strade, elettricità, servizi e così via. Emerge dunque un atteggiamento assai sospettoso e ostile nei confronti del tema-pianificazione. In particolare ciò che rendeva Keynes perplesso era l'esaltazione dei vantaggi insiti nelle forme di economia imperfetta (vedi ' razionalizzazione ') e il fatto che lo Stato, intervenendo dal lato dell'offerta, basasse la propria programmazione proprio sullo sviluppo dei monopoli. Ovviamente, come tutte le prese di posizione di Keynes, anche questa sulla ' razionalizzazione ' e sulla programmazione subì durante gli anni della crisi un'evoluzione. Nella *Fine del*

[63] L. Robbins, *Di chi è la colpa della grande crisi?*, Einaudi, Torino 1935, pp. 145-79.

[64] J. M. Keynes, *La fine del laissez faire*, in *Esortazioni e profezie* cit.

[65] J. M. Keynes, *State Planning*, intervento radiofonico del 14-3-1932 [CWK, vol. XXI, pp. 84-92].

[66] J. M. Keynes, *The National Self-Sufficiency*, « The New Statesman and Nation », 8/15-7-1933 [CWK, vol. XXI, pp. 233-46].

« *laissez faire* » egli aveva assunto infatti una posizione assai radicale, con il sottolineare tutte le implicazioni della scissione fra proprietà e controllo, caratteristica di larghi comparti dell'industria moderna. Non è un caso che proprio Tugwell avesse espresso il suo apprezzamento per questo articolo in una lettera a « The New Republic » [67].

Grosso modo negli stessi anni Keynes, nel ' libro giallo ' dei liberali, aveva assunto ancora una posizione favorevole a schemi di razionalizzazione, arrivando ad auspicare, nel caso dell'industria cotoniera, una politica di controllo dell'offerta [68].

Con il procedere della crisi egli diventò però molto più cauto; nel Macmillan Committee, sostenne, ad esempio, che misure di razionalizzazione erano probabilmente utili ma nel breve periodo non tendevano a risolvere il problema della disoccupazione anzi, al contrario l'aggravavano e questa fu poi la posizione espressa nel documento finale di questo comitato [69]. E nello scambio di lettere con Macmillan, pur condividendo la volontà di quest'ultimo di reagire alla crisi con misure di programmazione, fu però molto attento nel differenziare le misure tese a ridurre l'offerta da quelle rivolte ad aumentare la domanda [70].

Nella *Teoria generale* non si parla però esplicitamente né di programmazione né di schemi di razionalizzazione né più in generale di economia imperfetta. Perché? Di solito, e c'è senz'altro del vero in questa opinione, si sostiene che Keynes non parla di economia imperfetta per paura di ridurre la *Teoria generale* a un caso particolare: gli si sarebbe potuta attribuire l'intenzione di operare una divisione dei compiti tra teoria classica, valida per un'economia concorrenziale, e ' ricetta ' keynesiana, applicabile in condizioni di economia imperfetta e rigidità dei prezzi.

Ora a me pare però che l'analisi del contesto nel quale la *Teoria generale* è venuta alla luce ci consenta di dare

67 « The New Republic », 13-10-1926.
68 R. F. Harrod, *op. cit.*, pp. 442-50.
69 S. Howson - D. Winch, *op. cit.*, pp. 218-9.
70 J. M. Keynes, CWK, vol. XXI, pp. 109-11.

un'interpretazione più ' forte ' della mancata analisi della concorrenza imperfetta. Keynes non vuole soltanto dire che la disoccupazione non è legata al prevalere di determinate forme di mercato ma vuole sottolineare anche che la crisi non può essere risolta forzando il sistema economico a mutare il suo assetto così come esso è determinato dalle forze spontanee del mercato. In sostanza lo Stato non può invadere un campo che è proprio del settore privato e nel quale il settore privato opera nel miglior modo possibile; lo Stato deve dunque limitarsi al controllo del saggio d'interesse e, dove ciò risulti particolarmente difficile, a manovre di spesa pubblica atte a compensare momentanee cadute degli investimenti. L'abbandono del *laissez faire* non implica per nulla, secondo Keynes, il rifiuto del mercato quale centro motore di tutto il sistema economico.

L'evidente riluttanza di Keynes a parlare degli specifici settori in cui sviluppare la spesa pubblica è un'ulteriore conferma di questa sua convinzione. Nella *Teoria generale* egli parla di piramidi e di buche nel terreno ma evita accuratamente un'analisi della ' qualità ' di tale spesa pubblica. E questo precisamente perché secondo lui lo Stato deve intervenire nei settori nei quali nessuna iniziativa privata appare possibile. In questo senso la determinazione degli interventi pubblici avviene in negativo: è cioè del tutto dipendente dalle scelte del settore privato. Lo Stato non ha alcuna autonomia nella loro definizione qualitativa anche se gli viene riconosciuto l'insostituibile ruolo di agire sulla quantità della domanda aggregata al fine di ottenere la piena occupazione. Questo è tanto più rilevante se pensiamo che la differenza tra settore privato e settore pubblico non è definita una volta per tutte ma tende a modificarsi al variare delle opportunità di profitto che si presentano. Per fare un solo esempio, potremmo prendere il caso dell'edilizia abitativa. Quando Keynes cercava di individuare i settori in cui espandere la spesa pubblica, poneva sempre quest'ultima in cima alla lista. Il caso volle che la ripresa in Inghilterra avvenisse proprio nell'edilizia abitativa, ad opera però non dello Stato ma delle imprese private. Fu questo anzi uno degli argomenti anti-keynesiani espressi dal Tesoro [71]. Ora a me pare che i silenzi della *Teoria generale* sulla specifica determinazione della spesa pubblica nascano proprio dall'impossibilità per Keynes di ribattere a questo argomento. Quando perciò J. Robinson afferma che per Keynes non si presentava un problema di qualità della domanda ma solo di quantità [72], sembra trascurare il fatto che il problema era ben presente alla consapevolezza di Keynes e che ebbe anche nella *Teoria generale* una, seppur implicita, risposta: la scelta dei settori dove sviluppare un'iniziativa pubblica deve essere lasciata al capitale privato. La contraddittorietà, oggi riconosciuta dalla Robinson, di una politica principalmente rivolta alla determinazione quantitativa della domanda non può essere limitata al periodo attuale. A me pare anzi che proprio questa sia stata alla base del mancato successo delle politiche keynesiane di intervento pubblico in Inghilterra durante la ' grande crisi '. In questo senso le obiezioni del Tesoro, almeno quelle avanzate da Hopkins, mi sembrano piene di buon senso. Non si può accordare piena fiducia al mercato e nel contempo proporre un massiccio programma di spesa pubblica che rischia inevitabilmente di invadere campi ancora vitali per il capitale privato. Sull'altro versante, ha una sua coerenza anche la posizione di Tugwell, che sostiene la necessità di sviluppare la pianificazione fino alle sue estreme conseguenze.

Il tentativo operato da Keynes di riunire gli elementi cruciali di queste due posizioni era insomma teoricamente discutibile e praticamente impraticabile. Nella stessa *Teoria generale* troviamo ben definiti gli elementi cruciali di questa ' utopia '. Nell'ultimo capitolo, dedicato alle note conclusive, egli parla inizialmente di socializzazione degli investimenti e poi, subito dopo, dell'insostituibile ruolo del mercato nell'allocazione delle risorse:

[71] In un documento del Tesoro Phillips disse: « In realtà ogni indicatore economico in questo paese mostra una lenta ma stabile e sostenuta ripresa... Nonostante il rifiuto di programmi di lavori pubblici sostenuti da Keynes in ... [*I mezzi per raggiungere il benessere economico*] ... l'industria delle costruzioni sta andando molto bene » [S. Howson, *Domestic Monetary Management in Britain 1919-1938*, Cambridge 1975, p. 118].

[72] J. Robinson, *La seconda crisi della teoria economica*, « Problemi del Socialismo », 1974.

Quando sono occupati 9 milioni di lavoratori su 10 milioni disposti a lavorare e capaci di farlo, non vi è alcuna prova che il lavoro di questi 9 milioni sia male applicato. L'addebito che si fa al sistema presente non è che questi 9 milioni di lavoratori dovrebbero essere occupati a compiti diversi, ma che dovrebbero essere disponibili *compiti per il* milione di lavoratori rimanenti. È nel determinare il volume, non la direzione dell'occupazione effettiva, che il sistema presente è mancato alla sua funzione [73].

Ora però chi è in grado di assicurare che con l'occupare un milione di lavoratori lo Stato non interferisca con la ripartizione dell'occupazione degli altri 9? E inoltre, come si fa ad essere sicuri che, pur se oggi ci sono un milione di disoccupati, domani questi non possano essere occupati dal capitale privato in impieghi che oggi lo Stato avoca a sé?

È dunque nell'impossibilità di fornire queste due ' garanzie ' che si consuma il fallimento della proposta keynesiana di spese pubbliche durante la ' grande crisi '.

Keynes e il New Deal

L'atteggiamento di Keynes rispetto al New Deal ci fornisce l'esempio più chiaro del suo modo d'intendere il rapporto tra intervento dello Stato e meccanismo economico.

Bisogna ricordare innanzitutto che la politica di Roosevelt fu frutto di esigenze spesso contraddittorie e che essa mutò ampiamente durante tutto il periodo della sua presidenza. Roosevelt andò alla Casa Bianca criticando Hoover per non aver mantenuto in pareggio il bilancio dello Stato ma è passato alla storia come il primo presidente americano che si è affidato alla spesa pubblica per risolvere il problema della crisi (anche se tale politica fu in realtà assai timida, come è ampiamente riconosciuto dalla storiografia moderna). Inoltre la prima parte del New Deal fu caratterizzata dall'N.R.A., che in sostanza stimolava pratiche di controllo dell'offerta favorendo così uno *sviluppo* della concentrazione, mentre negli anni immediatamente precedenti

[73] J. M. Keynes, *Teoria generale* cit., p. 550.

la seconda guerra mondiale, Roosevelt si fece portabandiera dei tradizionali valori della concorrenza, istituendo una commissione per indagare sul perverso potere economico dei monopoli [74]. In realtà Roosevelt più che animato da radicate convinzioni economiche, era essenzialmente un uomo pragmatico e fu con questo spirito che sperimentò diverse vie possibili per uscire dalla depressione.

Keynes fu da subito osservatore assai attento dell'esperimento di Roosevelt. In esso infatti finalmente vedeva un tentativo di affrontare la crisi con iniziative di politica economica assai decise che rifuggivano da quel fatalismo caratteristico invece del governo inglese. Ciò non vuol dire che fu un acritico ammiratore del New Deal: tutt'altro. Nei suoi interventi sulla stampa americana non mancò di sottolinearne gli aspetti contraddittori e discutibili. Ciò che essenzialmente rendeva Keynes perplesso era l'N.R.A. Questo programma, frutto della composizione originaria del « brain trust » (Berle, Tugwell, ecc.) si basava essenzialmente su due elementi. Il primo era la riduzione della concorrenza all'interno delle varie industrie così da stabilizzare i prezzi e se possibile aumentarli. Il secondo consisteva nella regolamentazione dei contratti di lavoro attraverso la fissazione dei livelli massimi per l'orario di lavoro, dei minimi salariali e il riconoscimento della libera associazione dei lavoratori [75]. Lo Stato si assumeva il compito di stimolare l'adesione di tutte le imprese di ogni singolo settore a determinati codici di comportamento imperniati sui punti sopra delineati. Lo stato drammatico in cui versava allora l'industria americana fece si che la larga maggioranza di imprese accettarono tali codici. Il miglioramento della situazione economica, la maggiore forza del sindacato e l'insofferenza per l'accresciuto peso delle maggiori imprese, provocarono però crescenti critiche da parte industriale (soprat-

[74] Anche se, come ricorda E. W. Hawley (*Il New Deal e il problema del monopolio*, De Donato, Bari 1981), queste iniziative contro i monopoli furono assai timide e piene d'incertezze e testimoniano la volontà di Roosevelt di non alienarsi completamente l'appoggio del grande capitale.

[75] C'è infatti da ricordare che era allora pratica generalizzata di molti imprenditori assumere solo lavoratori che non erano iscritti al sindacato e che si impegnavano a non farlo nel futuro.

tutto piccole e medie aziende) e il fallimento di questa iniziativa che fu poi definitivamente abrogata, perché incostituzionale, nel '35. Accanto all'N.R.A. c'erano poi altri progetti di vera e propria programmazione statale, il principale dei quali è senza dubbio quello della Tennessee Valley. È da notare che lo Stato, con questa iniziativa, si impegnava a produrre per proprio conto energia elettrica, scontrandosi in tal modo con gli interessi delle imprese private del settore che erano allora tra le più dinamiche dell'industria americana. Anche questa iniziativa sollevò perciò una forte opposizione da parte del mondo imprenditoriale e pur se, dopo una lunga vicenda giudiziaria, fu considerata legittima, rimase essenzialmente isolata e non fu seguita da altri progetti di pari entità.

Lo scetticismo di Keynes sulla programmazione fu alla base delle sue critiche a questi aspetti caratterizzanti il primo periodo del New Deal. Egli vedeva il rischio di scuotere negativamente la fiducia degli imprenditori, ritardando così la ripresa che solo su questa fiducia poteva basarsi [76]. Nella sua lettera aperta sul « New York Times » [77] sostenne una politica dei due tempi: prima la ripresa economica e poi, gradualmente, le riforme sociali. Non è molto chiaro se Keynes fosse effettivamente interessato anche alla seconda fase di questa politica. La sua lettera fu considerata una critica aperta a tutta la politica di riforme dell'Amministrazione Roosevelt [78]. Anche se Keynes rigettò questa interpretazione del proprio punto di vista [79], è certo chiaro che alla fine fu proprio la scissione degli sforzi per la ripresa da quelli per la riforma che impedì la realizzazione degli obiettivi più avanzati ed originali del primo New Deal [80].

In aperta critica alle misure di programmazione Keynes

[76] D. Winch, *Economics and Policy: A Historical Study*, London 1969, pp. 219-51.

[77] Lettera interessante anche per la critica alle posizioni monetariste allora molto in voga a Washington.

[78] Si veda per esempio la lettera sul « Times », 5-1-1934, di M. Horobin, un membro del partito conservatore inglese, nella quale si osservava che le critiche di Keynes al N.R.A. erano in linea con i capisaldi della politica economica sviluppata in Gran Bretagna.

[79] J. M. Keynes, lettera al « Times » [CWK, vol. XXI, p. 304].

[80] B. Mitchell, *Depression Decade*, New York 1947, pp. 257-9.

non si stancò di mettere l'accento sull'importanza della gestione della domanda aggregata attraverso programmi di spesa pubblica. Nell'analisi della crisi economica del '37-38 egli attribuì proprio all'eccessiva timidezza di Roosevelt nel manovrare la spesa la causa principale della caduta della produzione. Anche se dopo una sua lettera personale a Roosevelt [81], in cui gli esponeva le sue critiche, il presidente si convinse a riprendere con maggiore energia i programmi di spesa pubblica, non si può certo dire comunque che le indicazioni di Keynes in questo campo furono molto più seguite che in Inghilterra [82].

Per comprendere meglio il significato storico delle proposte keynesiane è bene riferirle al conflitto d'interessi che caratterizzò tutto il periodo del New Deal. Da una parte il settore della grande industria avanzava proposte di politica economica che possono essere ricondotte a una pianificazione gestita direttamente dagli imprenditori e finalizzata, attraverso accordi di settore, a contenere la caduta dei prezzi. Gli elementi più progressisti (Tugwell, Wallace, ecc.) puntavano invece con decisione a sviluppare questi embrioni di programmazione in un organico piano nazionale in cui lo Stato avesse assunto il ruolo guida. Infine c'era il sempre forte gruppo di pressione rappresentato dai piccoli imprenditori e commercianti: questi erano a favore del tradizionale ideale americano della concorrenza e della lotta ai monopoli. Il conflitto tra queste diverse tendenze si protrasse per tutti gli anni Trenta apparentemente senza alcun chiaro vincitore. La prima fase del New Deal vide all'offensiva i 'pianificatori', sia quelli 'statali' che quelli 'imprenditoriali'. In seguito la componente dei piccoli industriali segnò molti punti a suo favore anche se non riuscì nel suo intento principale che era quello di smantellare il potere delle grandi imprese. Arbitro di questi acuti conflitti, Roosevelt non si sbilanciò mai eccessivamente, più preoc-

81 J. M. Keynes, CWK, vol. XXI, pp. 434-9.

82 Come dice Brown: « La politica fiscale sembra esser stata un meccanismo di ripresa senza successo negli anni Trenta non perché non funzionò ma perché non fu tentata » [E. C. Brown, *Fiscal Policy in the 30's*, « American Economic Review », 1956].

cupato di evitare la sconfitta che di propiziare la vittoria di qualcuna di queste componenti.

La politica keynesiana di spesa pubblica rappresentava un tentativo di compromesso che cercava di uscir fuori dal rigido antagonismo tra economia liberista ed economia pianificata. Possiamo solo avanzare delle ipotesi sul perché tale politica non sia stata adottata su scala sufficiente a tirare fuori gli Stati Uniti dalla depressione. Vero è che in quegli anni non era stata ancora acquisita una completa consapevolezza teorica del ruolo che la spesa pubblica poteva giocare: l'influenza della *Teoria generale* si fece sentire solo alla fine degli anni Trenta. D'altro canto non risulta che ci fosse negli ambienti imprenditoriali una aprioristica opposizione a un aumento del deficit dello Stato. A questo riguardo in effetti gli imprenditori erano solo preoccupati di un aumento della tassazione, mentre avrebbero visto con favore temporanei incrementi del deficit del bilancio statale causati da una maggiore spesa pubblica non accompagnata da aggravi fiscali [83]. Ma il problema che si voleva risolvere con la spesa pubblica — ottenere la ripresa senza intralciare il libero funzionamento del mercato — uscito dalla porta rientrava dalla finestra. L'impiego della spesa pubblica che si richiedeva per uscire dalla crisi era davvero notevole e doveva essere realizzato in tempi assai brevi. Oltre ai limiti tecnici, derivanti dalla capacità delle strutture amministrative dello Stato, c'erano dei limiti politici evidenti: il rischio d'invadere la sfera di competenza del capitale privato era sempre presente, come dimostravano le esperienze dell'N.R.A. e della Tennessee Valley.

Se quindi le critiche di Keynes ebbero successo nel contribuire alla fine della prima fase del New Deal e di ogni velleità d'intervento statale dal lato dell'offerta, d'altro canto esse risultarono inadeguate per tirare fuori dalla depressione l'economia americana.

Concludendo queste note introduttive mi pare che non si possa obiettivamente dire che le indicazioni di Keynes fossero state in larga parte trascurate dai suoi contemporanei. Per quanto riguarda la situazione inglese giova ricor-

[83] H. Stein, *op. cit.*, pp. 74-90.

dare che la politica monetaria fu tesa a mantenere il saggio d'interesse al più basso livello possibile, la politica di barriere tariffarie venne attuata, nessuno cercò di diminuire i salari monetari e la svalutazione della sterlina, pur se non era stata invocata da Keynes, fu a lui ben accetta. Anche negli Stati Uniti gli elementi più radicali presenti nella prima fase del New Deal vennero presto abbandonati, esattamente come Keynes auspicava. Al contrario i programmi di spesa pubblica rimasero lettera morta. Ma era l'elemento centrale di questa proposta, il quale si basava sull'assunto che spesa pubblica e iniziativa privata si sarebbero sostenute vicendevolmente in un clima di ritrovato ottimismo, che si presentava debole in quegli anni.

Come già altri autori hanno riconosciuto (Kalecki, Sylos Labini, Baran - Sweezy[84]) la sfera di azione nella quale lo Stato può agire con investimenti pubblici, senza entrare in conflitto con il capitale privato, è sostanzialmente limitata. Per portare avanti con coerenza un programma di spesa pubblica Keynes avrebbe dovuto perciò abbandonare la sua convinzione che il mercato dovesse essere lasciato funzionare in completa libertà. Un vasto programma di opere pubbliche richiedeva un'azione assai decisa anche dal lato dell'offerta con una conseguente iniziativa di vera e propria programmazione statale. Quando negli Stati Uniti si presentò l'opportunità per una tale politica all'inizio del New Deal, Keynes, spaventato dai toni radicali che questa poteva assumere, la criticò nei suoi aspetti più sostanziali andandosi a collocare, come aveva già anticipato qualche anno prima[85], dalla parte dell'*educated bourgeoisie*. È per questo che la ricetta keynesiana si presentò contraddittoria e non ebbe applicazione in quegli anni. Un conto è indirizzare dosi di domanda addizionale alla produzione bellica, oppure utilizzare la politica fiscale per leggere oscillazioni di reddito in un quadro di sostanziale sviluppo come è av-

[84] M. Kalecki, *Gli aspetti politici della piena occupazione*, in *Sulla dinamica capitalistica*, Einaudi, Torino 1975, pp. 166-8; P. Sylos Labini, *Oligopolio e progresso tecnico*, Einaudi, Torino 1972, p. 256; P. Baran - P. Sweezy, *Il capitale monopolistico*, Einaudi, Torino 1978.

[85] J. M. Keynes, *Sono un liberale?*, in *Esortazioni e profezie* cit., p. 249.

venuto nel secondo dopoguerra. Cosa molto diversa è invece operare con la spesa pubblica quando ci sono circa 14 milioni di disoccupati, come era appunto negli Stati Uniti, senza toccare gli interessi e l'influenza del capitale privato: sempre che non si voglia tornare alla costruzione di piramidi.

Pierluigi Sabbatini

COME USCIRE DALLA CRISI

IL PROBLEMA DEGLI ALTI SALARI *

La prima generazione di economisti vedeva con molto sospetto i tentativi di aumentare i salari, tanto che a sua volta essa stessa si attirò i sospetti di certi gruppi di idealisti sociali. Il caso generale considerato da questi economisti consisteva in un dato livello salariale fissato da circostanze esterne (dalla legge economica, come essi avrebbero detto); ogni tentativo di spingere i salari al di sopra di questo livello era destinato all'insuccesso e avrebbe arrecato solo danni. In particolare essi guardavano con estremo sospetto i sindacati ed erano portati a vedere di buon occhio il regime legislativo allora in vigore, concepito per intralciare in ogni modo la loro attività.

Oggi chiunque riconosce che alcuni dei loro argomenti erano errati, come, ad esempio, la teoria del Fondo Salari. Ma a prescindere dalla maggiore o minore giustezza dei loro ragionamenti, il tempo lavorava contro di essi: furono screditati senza riguardo ai loro meriti e, credo si possa dire, in modo sproporzionato ai loro demeriti. La rapida avanzata del progresso economico comportò sostanziali aumenti salariali. Questo sembrò contraddire la loro teoria anche se, ovviamente, nelle nuove circostanze, non vi era nulla di incoerente tra la teoria basata sul livello naturale dei salari e il fatto che si verificassero aumenti dei salari

* *The Question of High Wages*, «The Political Quarterly», 1930 [CWK, vol. XX, pp. 3-16]. Il contenuto di questo articolo corrisponde a quello di due conferenze tenute in precedenza al Bedford College (Londra) e all'Università di Manchester.

reali. A parte lo sviluppo degli eventi, è stata la crescita della democrazia e della coscienza sociale a far sembrare l'atteggiamento degli economisti impolitico e crudele.

Di conseguenza, quando, cinquant'anni più tardi, raggiungiamo il periodo di Marshall, troviamo un cambiamento di stato d'animo sproporzionato, forse, all'effettivo mutamento della teoria. Una delle prime pubblicazioni di Marshall fu una garbata difesa e giustificazione della sindacalizzazione come mezzo per migliorare le condizioni della classe operaia; e tutti gli economisti contemporanei furono educati a rispettare e a invocare le attività dei sindacati come queste si caratterizzavano nell'ultima metà del diciannovesimo secolo e prima della guerra.

Ma oggi, all'interno della presente generazione di economisti del dopoguerra, troviamo una divergenza di opinioni sempre più marcata. Le persone dalla mentalità più antiquata si chiedono con preoccupazione se il protrarsi a lungo della disoccupazione non implichi un certo squilibrio tra il livello dei salari e le condizioni del mondo esterno. Essi infatti non hanno abbandonato l'idea che in qualche modo vi sia quello che si potrebbe chiamare un livello naturale dei salari, con il quale è rischioso interferire. Nella situazione attuale l'opinione pubblica si oppone in modo così deciso a un movimento all'indietro dei salari che difficilmente una persona, qualsiasi cosa possa pensare, osa mormorare in pubblico che i salari sono troppo elevati. La gente brontola sottovoce, sostiene che tutte le altre soluzioni alle attuali difficoltà sono futili, ma è riluttante ad esporre chiaramente la propria.

Oltre a questo atteggiamento, proprio di alcune delle persone che hanno le opinioni più antiquate, c'è anche un crescente scetticismo sulla validità psicologica e teorica della teoria ortodossa del valore. Ciò spinge altra gente a mettere in discussione l'esistenza di un qualsiasi livello naturale dei salari o comunque di un livello fissato in modo rigido; questo atteggiamento si accorda inoltre molto meglio con le aspirazioni popolari. Senza dubbio vi sono dei limiti che anche questa scuola ammetterebbe: ma c'è un margine abbastanza ampio, nel quale il fattore determinante non è tanto quello che si era soliti chiamare la legge economica, quanto abitudini e pratiche sociali e politiche e il comportamento dell'opinione pubblica.

I sostenitori di queste opinioni utilizzano due differenti tipi di argomentazioni. Il primo non comporta alcun allontanamento radicale dall'analisi ortodossa. Esso deriva dall'assunzione che l'attuale efficienza dell'industria e della produzione è inferiore a quella che è realisticamente possibile in base alle conoscenze e alla tecnica oggi in nostro possesso. L'unico aspetto per il quale questa argomentazione si allontana dalle ipotesi ortodosse può essere rintracciato nella negazione che l'imprenditore, l'uomo d'affari, stia sempre realizzando tutto il profitto che può. Infatti questa visione supera di gran lunga la vecchia nozione secondo cui se si paga meglio una persona la si rende più efficiente. Essa esprime invece la massima più moderna per cui se si paga meglio una persona si rende il *suo datore di lavoro* più efficiente, forzandolo a scartare metodi e impianti obsoleti, affrettando la fuoriuscita dall'industria degli imprenditori meno efficienti, elevando così lo standard generale. Incalzare l'imprenditore e costringerlo a pagare salari che in quel momento egli non è in grado di corrispondere, se vuole ricavare un profitto normale, sortirà l'effetto di aumentare l'efficienza di quella che è chiamata, nel linguaggio di Marshall, « l'impresa rappresentativa ». In breve, l'uomo d'affari medio non è più visto come la figura febbrilmente attiva e sempre all'erta descritta dagli economisti classici, che non si lasciava sfuggire mai la possibilità di guadagnare un penny se ciò era umanamente possibile e che si trovava in uno stato di continua tensione, fino al limite delle sue capacità. La sua nuova immagine sembra essere invece quella di un individuo che se la prende comoda, soddisfatto di un dato reddito e, dunque non intenzionato a darsi eccessivamente da fare per incrementarlo fino al livello che sarebbe alla sua portata. Così, il rialzo dei salari metterà in moto le energie latenti dell'imprenditore, grazie alle quali è possibile finanziare l'aumento salariale. J. W. F. Rowe, nel suo *Salari in pratica e in teoria*, ha presentato alcuni interessanti esempi e dati statistici che offrono un supporto a questo punto di vista.

Il secondo tipo di critica implica un attacco molto più

radicale alla vecchia teoria, mettendo completamente in discussione la rigidità di quella che gli economisti chiamano la Teoria della Distribuzione. Quest'ultima deriva da due gruppi di assunzioni: il primo si rifà alla costatazione che l'offerta di un dato fattore della produzione risponde in *modo assai sensibile alla retribuzione* che gli si offre; il secondo si basa sulla possibilità di sostituire i fattori della produzione a seconda delle retribuzioni offerte loro. In parole povere, non si possono avere i servizi di un fattore in quantità sufficiente se si offre ad esso di meno; d'altro canto, se gli si offre di più in proporzione agli altri fattori, allora questi ultimi, essendo più economici, tenderanno a sostituirlo. La nuova teoria sferra un attacco alla rigidità della soluzione offerta sulla base di queste assunzioni. Essa non mette in discussione che tali considerazioni fissano dei limiti nei quali l'effettiva situazione deve collocarsi, ma essa afferma che questi limiti sono alquanto ampi e che al loro interno la situazione viene determinata in primo luogo da influenze storiche, esercitate gradualmente dalle forze sociali e politiche contemporanee.

Per esempio, questi critici affermano che se la natura dell'uomo e i mezzi tecnici a sua disposizione dovessero rimanere sostanzialmente immutati, ma ognuno avesse dimenticato improvvisamente quale era stata fino ad allora la struttura degli stipendi e delle remunerazioni degli uomini d'affari, dei lavoratori, degli impiegati ecc., così che tutto dovesse essere determinato *de novo,* non vi sarebbe alcuna ragione per attendersi che si realizzi la stessa situazione che c'è ora. Noi non troveremmo che i dividendi degli azionisti, gli stipendi degli staff imprenditoriali e i salari degli apprendisti verrebbero determinati proprio nelle proporzioni attuali. Questi saggi relativi di remunerazione, sono, secondo questo approccio, il prodotto di forze storiche e sociali. Non vi sono reali leggi fisiche o psicologiche che li costringano ad assumere quei valori che essi oggi hanno; se essi dovessero, dunque, essere fissati di nuovo in un contesto diverso, noi dovremmo arrivare ad una differente soluzione. Di conseguenza vi è un ampio elemento di arbitrarietà nei saggi relativi di remunerazione ed i fattori della produzione ottengono quello che hanno non perché essi, in un rigoroso senso economico, lo meritano, ma perché gli eventi passati hanno reso questi saggi ordinari ed usuali. Così non c'è nulla di sacro in loro. Se le classi lavoratrici hanno il potere politico e contrattuale per ottenere una quota del prodotto industriale più larga di prima, bene, questo è un nuovo fatto storico; l'evoluzione storica è questa volta dalla loro parte. L'uomo d'affari otterrà di meno, e questo è tutto quello che c'è da dire [1].

Ma non è soltanto nei circoli accademici che la vecchia ortodossia, che sottolineava i pericoli di alti salari, è stata dimenticata. Quanto le vecchie nozioni siano state trascurate anche dagli ortodossi nella loro stessa dimora, è mostrato, credo, da quanto è accaduto in occasione del ritorno al 'gold standard' nel 1925. Credo di avere prove inequivocabili che da parte del governatore della Banca d'Inghilterra, del segretario del Tesoro e del direttore dell'« Economist », si credette allora che fosse possibile aumentare i salari reali di circa il 10%, attraverso un atto arbitrario, senza che si producesse alcuna sfavorevole conseguenza: una conclusione che avrebbe dato uno shock a più di uno di coloro che li avevano preceduti in quelle stesse cariche cinquant'anni fa.

Ora, non sono interessato a difendere in questa sede l'analisi e le ipotesi ortodosse contro questi attacchi. In larga misura concordo con tali attacchi. Penso che ci sia molto di buono in quello che questi critici dicono. Ritengo che le migliori teorie del futuro, capaci di essere messe in pratica, saranno imparentate con questi attacchi. Tutti coloro che vogliono migliorare la teoria economica e dare un contributo ad essa, dovrebbero prestare grande attenzione a ciò che dicono Dobb, Rowe ed altri.

Il mio attuale proposito è, piuttosto, quello di fare alcune precisazioni che sono, a mio giudizio, di grande importanza pratica quando si presenta il problema di applicare queste idee al concreto mondo di oggi. Vorrei inoltre avanzare dei seri dubbi sul fatto che un'opinione pubblica indi-

[1] Per un competente sostegno alle basi teoriche di questo punto di vista, si veda l'articolo di Maurice Dobb *The Sceptical View of Wages* nell'« Economic Journal », dicembre 1929.

scriminatamente a favore di aumenti salariali ogni qual volta se ne presenti l'occasione, rinforzata inoltre dai voti dei salariati, sia effettivamente il mezzo migliore a nostra disposizione, nell'attuale contesto sociale, per raggiungere quello che è il probabile obiettivo: il miglioramento delle condizioni materiali della classe operaia.

Infatti il Partito degli Alti Salari dimentica che noi apparteniamo a un sistema internazionale e non a un sistema chiuso; ed inoltre ad un sistema nel quale noi abbiamo deliberatamente introdotto un grado assai elevato di mobilità internazionale dei flussi finanziari. Quali sono le conseguenze di questa situazione? Illustriamolo con un esempio immaginario.

Supponiamo che vi siano due paesi dove i fattori della produzione abbiano esattamente la stessa efficienza e che intrattengano relazioni commerciali e finanziarie simili a quelle oggi esistenti, diciamo, tra Germania e Inghilterra. Si supponga che il Partito degli Alti Salari raggiunga i suoi obiettivi in un paese, l'Inghilterra, ma non nell'altro, la Germania. Ne segue che il capitalista riceverà una più piccola proporzione di prodotto qui che in Germania. Il suo compenso per un dato ammontare di energie e di rischi sarà inferiore. Di conseguenza preferirà investire il suo denaro all'estero. Può essere che la proporzione che egli ottiene nei due paesi sia, in un certo senso, arbitraria ed il risultato di influenze storiche e sociali. Ma se si ha una estrema mobilità nei flussi finanziari internazionali, le risorse capitali tenderanno ad indirizzarsi verso quei paesi dove le remunerazioni relative sono maggiori. Se il valore della nostra moneta non è fissato internazionalmente, lo sforzo di prestare più moneta all'estero dovrebbe far variare il cambio a nostro sfavore e, rialzando i prezzi in Inghilterra, dovrebbe riportare i salari reali ai più bassi livelli che esistevano prima. Ma sotto il gold standard le conseguenze sono molto più complicate. Se gli uomini d'affari inglesi trovano che utilizzare i loro fondi per iniziative d'affari in Inghilterra è relativamente non profittevole e cercano, perciò, di incrementare la percentuale dei loro impieghi all'estero, il primo effetto sarà una tendenza dell'oro a defluire fuori dal nostro paese, del tasso bancario a rialzarsi e da qui ne deriverà una ancor maggiore difficoltà per iniziative commerciali in Inghilterra. Ne potrebbe conseguire una maggiore disoccupazione e, forse, se questa dura abbastanza a lungo e raggiunge dei livelli sufficientemente elevati, il risultato finale potrebbe essere che i salari reali in Inghilterra vengano fatti nuovamente discendere al vecchio livello di equilibrio. Il tasso bancario, relativamente alla situazione economica interna, è essenzialmente un mezzo per assicurare che vi sia una disoccupazione sufficiente a esercitare un'effettiva pressione sui salari, in modo che questi cadano ad un livello che sia in equilibrio con le condizioni esterne; ci si può però attendere che tale processo venga ritardato da frizioni e controtendenze e che il tessuto industriale sia falcidiato prima che, alla fine, subentri il nuovo equilibrio.

In breve, in queste questioni, i margini entro i quali un paese si può muovere, indipendentemente da altri paesi, è assai influenzato dalla mobilità dei flussi finanziari in essere tra i paesi aventi lo stesso standard monetario.

Le conseguenze dell'estrema libertà che viene concessa ai prestiti all'estero e della quale effettivamente godiamo, mi ha sempre preoccupato sin dai miei primi studi economici. Soltanto in tempi recenti, però, mi sono fatto un'idea precisa sull'argomento. Non devo limitarmi a sviluppare tale opinione in questa sede: infatti essa è rilevante per argomenti più ampi di quello che sto ora trattando. Ma una cosa è chiara: la mancanza di intralci nel prestare all'estero significa che il capitalista è libero di dirigere le sue risorse in quelle parti del mondo dove maggiore è la porzione di prodotto che riceve. Quanto egli ottiene in ogni particolare luogo può essere dovuto più a cause sociali che economiche: ma questo non è un ostacolo al fatto che preferisca investire dove la sua quota è massima.

Questo ragionamento ci aiuta anche a rispondere all'antica questione: fino a che punto la mano d'opera mal pagata all'estero può essere nociva per il lavoro all'interno? La vecchia risposta che gli economisti erano soliti dare si basava sul fatto che noi non siamo danneggiati dal lavoro mal pagato all'estero perché guadagniamo come consumatori. Ma che ciò sia vero o no, credo sia giusto dire che se il lavoro all'estero ottiene una porzione inferiore di prodotto, se i salari-efficienza *, che per esso vengono richiesti, sono minori, *allora il capitale otterrà di più. Di conseguenza* quest'ultimo sarà tendenzialmente attratto all'estero, il cambio peggiorerà e, attraverso la concatenazione di circostanze che ho delineato, verrà prodotta disoccupazione all'interno, il cui dichiarato proposito è far cadere i salari fino a fargli raggiungere il livello di quelli esistenti all'estero.

Così concludo che, anche se Rowe, Dobb e altri hanno ragione, l'uno rispetto alla possibilità di ottenere un maggiore impegno da parte del capitalista e l'altro rispetto all'eventualità di attribuirgli convenzionalmente una quota inferiore del prodotto totale, vi sono ciò nonostante dei limiti molto ristretti per mettere in pratica queste nozioni a meno che ciò non avvenga su scala internazionale o che non si ponga un ostacolo alla mobilità dei prestiti all'estero.

È ovvio che questa analisi, se corretta, ha qualche applicazione alla situazione attuale della Gran Bretagna. Il periodo del ripristino della parità aurea della sterlina, che è culminato nel 1925 col ritorno al gold standard, ha significato un aumento sostanziale dei salari reali relativamente a quelli prevalenti dovunque. Il primo effetto è stato quello di rendere difficile per noi esportare ricavandone un profitto. La gente ha una certa familiarità con ciò. Ma vi è una seconda, successiva, conseguenza che non deve essere trascurata. Giacché i salari monetari non sono stati toccati, il risultato del conseguente aumento dei salari reali è stato una caduta dei profitti, così severa da rendere molti settori commerciali inglesi del tutto improduttivi.

Ora, per la persona che ha impiegato il suo capitale in una iniziativa commerciale è di solito difficile ritirarlo rapidamente. Ma ciò non si applica all'investimento di nuove risorse. Quando, perciò, accade che in Inghilterra gli affari si rivelino improduttivi in molti dei settori economici per diversi anni e la prospettiva futura sia scoraggiante, inevitabilmente l'investitore più dinamico, *nella ricerca del massimo profitto*, tenderà a prestare il suo denaro ad imprese operanti all'estero. E nel nostro caso questo si somma alla

* Ovvero i salari in rapporto alla produttività.

tendenza naturale di nuovi paesi ad essere in grado di offrire profitti più elevati dei nostri. Noi avevamo già una situazione in cui la tendenza del capitale a defluire all'estero era forse eccessiva rispetto all'attivo della nostra bilancia commerciale. Il fattore addizionale, il Movimento degli Alti Salari, ha provocato di conseguenza una tendenza quasi cronica in direzione del denaro a caro prezzo, il cui obiettivo tecnico è stato in parte di prevenire un eccessivo prestito di capitali all'estero ma che, soffocando le imprese nazionali stesse, ha avuto anche la conseguenza di premere su tutto il mondo degli affari contro il Movimento degli Alti Salari.

Naturalmente non è questa l'unica spiegazione della situazione attuale, che è estremamente complessa. Ma forse ne rappresenta il fattore più continuo e ostinato. Oggi esso è poi rafforzato dalla presenza di altri problemi. In diverse occasioni noi potevamo, forse, trascurarlo per un anno o due perché altri fattori stavano venendoci in aiuto. Per tutto questo periodo in Inghilterra abbiamo assistito però alla tendenza di fondo, per una larga parte di attività, ad essere relativamente non profittevole a causa dell'attuale livello dei salari, comparato con il livello degli stessi all'estero; di conseguenza il capitale evita sempre di più gli sbocchi che può trovare all'interno andandoli a cercare in un qualsiasi altro luogo.

Tutto ciò ha a che fare con il passato. Quando ci si riferisce allo squilibrio attuale, credo sia impraticabile e indesiderabile cercare di porre rimedio alla situazione riducendo i salari. Noi dobbiamo trovare in un modo o nell'altro il sistema di mitigare da prima la tendenza a una eccessiva attività di prestiti all'estero, con l'individuare nel nostro paese nuove opportunità a tassi attraenti; inoltre dobbiamo, quando se ne presenti l'occasione, cercare di risolvere il resto del problema basando i maggiori salari su una più elevata efficienza. Può non essere facile. Ma credo sarà più semplice di altri metodi.

Quello che è accaduto però dovrebbe esserci di ammonimento per il futuro. Se noi vogliamo migliorare le condizioni della classe lavoratrice, è inopportuno tentare di farlo con il metodo che riduce la remunerazione del capitale al di sotto di quello che si può ottenere in altri paesi. O, ad ogni modo, se noi adottiamo questo metodo, dobbiamo integrarlo con l'abbandono o la limitazione dell'attuale libertà per investimenti all'estero. Infatti non paga mai rendere l'imprenditore povero e ridurlo alla rovina. È impossibile, nell'attuale ordinamento sociale, assicurarsi un livello ottimo di produzione e di occupazione in un modo diverso dal pagare al capitalista tutta la sua parte e, semmai, qualcosa di più. Che sia sicuro, come produttore, di ricavare un buon reddito. Ciò non impedirà che, come cittadino, il destinatario di questo reddito, *dopo* esserne entrato in possesso, venga rigorosamente tassato. Una volta che il capitalista ha intrapreso una certa iniziativa d'affari in un dato paese, egli senza dubbio può essere facilmente spremuto. Ma ciò non incoraggerà gli altri. Torchiarlo nell'atto di ricavare il suo profitto è farlo nel momento sbagliato. A meno che non mutiamo radicalmente la struttura interna e le relazioni esterne del nostro sistema economico, faremmo bene a rivolgerci a quella che chiamerei la soluzione Liberale, o quella che ho sentito Ramsey MacDonald * chiamare la soluzione Socialista, del problema di migliorare le condizioni della classe lavoratrice, rifiutando la soluzione Sindacale.

Mettiamo a confronto un'elevata tassazione e gli alti salari rispetto al modo in cui essi modificano l'incentivo dell'uomo d'affari ad aumentare la sua produzione. Le tasse cadono sui profitti solo dopo che essi sono stati guadagnati e ne prendono solo una porzione. Così, parlando in generale, l'incentivo dell'uomo d'affari a guadagnare profitti e ad aumentare la produzione, fino ad un livello ottimale da un punto di vista sociale, è uguale a quello che si avrebbe se le tasse non esistessero. Ma se voi lo forzate a pagare più elevati salari allora la sua attività meno profittevole diventa decisamente infruttuosa e voi lo porterete alla necessità di abbandonarla, tutta o in parte, e a ridurre la produzione.

In breve, non dobbiamo affamare l'oca che depone le

* Ramsey MacDonald era allora il Primo Ministro di un governo laburista.

uova d'oro prima di aver scoperto come rimpiazzarla. Dobbiamo invece porre una tassa sulle sue uova.

Ma c'è un altro punto ancora più importante. Gli alti salari opprimono artificialmente un'industria in diretta proporzione all'ammontare di lavoro occupato. Gli affari da cui si ricavano elevati profitti, ma che impiegano relativamente poca forza lavoro, se la cavano con poco. In particolare il mondo della finanza, tra gli altri, la passa quasi liscia. Le tasse, perciò, distribuiscono il costo del miglioramento delle condizioni materiali della classe operaia su un'area assai più ampia.

In fine, la tassazione dei profitti non discrimina contro l'uso di un particolare fattore della produzione come, in modo artificiale, fanno gli alti salari. Essa non provoca la tendenza a far sì che i datori di lavoro economizzino nell'uso del lavoro aumentando, in questo modo, la disoccupazione.

È perciò, a mio modo di vedere, una grande sventura che i concertati e consapevoli sforzi della classe operaia per migliorare le proprie condizioni di vita debbano concentrarsi così tanto nel cercare di aumentare i salari fino al punto di insospettirsi, come credo nel caso dei sindacati, nei confronti di altri metodi. D'altra parte la principale *raison d'être* dei sindacati, come organismo corporativo, sfumerebbe se dovesse essere abbandonata la lotta perenne per più elevati salari.

Ci dobbiamo rendere conto che il livello salariale socialmente desiderabile in base a considerazioni legate alla giustizia distributiva e alla carità può rappresentare una quota del prodotto totale più larga di quella che è assegnata al lavoro in qualche altro paese. Diventa allora assai chiaro che gettare tutto il peso del miglioramento su una parte dei datori di lavoro significa metterli in una disperata posizione di svantaggio rispetto ai loro concorrenti: diminuirà di conseguenza la loro produzione e il volume di occupazione che possono offrire. Se noi decidiamo che, nell'interesse della giustizia e della carità, il reddito della classe operaia debba essere più elevato di quello che essa riceve attraverso il meccanismo economico, allora noi dobbiamo, per così dire, fare una sottoscrizione a questo scopo. La tassazione è un metodo di sottoscrizione obbligatoria che si distribuisce su tutta la comunità. Ma se la si fa cadere solo sulla particolare categoria dei datori di lavoro allora non ci dobbiamo sorprendere se il livello di produzione e di occupazione è più basso di quello che dovrebbe essere.

Nei dieci anni precedenti alla guerra, vi è stato un forte movimento in questa direzione attraverso lo sviluppo delle assicurazioni sociali e dell'istruzione gratuita. Dalla fine della guerra, inoltre, siamo andati molto avanti, in particolare aumentando assicurazioni e pensioni, e sussidiando le case dei lavoratori: tutto ciò è stato finanziato con tasse tali da non rappresentare un particolare deterrente per gli affari.

Se vogliamo migliorare le condizioni della classe operaia c'è una gran quantità di modi alternativi per farlo e c'è un'abbondanza di mezzi, diversi dagli incrementi salariali, per assegnare ad essa una proporzione di tutto il reddito nazionale maggiore di quella di cui ha goduto in passato.

Primo, c'è l'assicurazione sociale. È possibile per lo Stato contribuire in modo molto più ampio di quanto abbia fatto fino ad ora, fino al punto di sostenere l'intero costo dell'assicurazione per le malattie, la vecchiaia e la disoccupazione. I sindacati farebbero molto meglio a premere affinché le assicurazioni venissero pagate con gli introiti fiscali più che richiedere salari maggiori di quelli che i datori di lavoro possono realisticamente affrontare.

Secondo, pensioni. Sarebbe possibile aumentare le pensioni in modo sostanziale senza che vengano elevate a livelli in genere sproporzionati con i redditi.

Terzo, vi è spazio per un consistente aumento di spesa statale per salute, svaghi, educazione e facilitazioni per viaggi.

Quarto, non abbiamo per nulla raggiunto il limite di quello che sarebbe socialmente utile spendere per migliorare la situazione degli alloggi della classe operaia, rendendo possibile l'offerta di case per lavoratori ad affitti inferiori ai livelli di mercato. È meglio fornire case più economiche degli standard correnti utilizzando gli introiti fiscali piuttosto che chiedere ai datori di lavoro di pagare dei salari maggiori del livello compatibile col mercato.

Ed infine, vi è la possibilità di un sussidio per famiglia o bambini a carico. In questo caso credo che il movimento sindacale sia attivamente ostile, temendo dichiaratamente proprio quello che io desidero, cioè che tali indennità siano un'alternativa a più alti salari. Sarebbe molto meglio che una persona con pesanti carichi familiari sulle spalle ricevesse assistenza con le entrate fiscali, che in generale vanno a ricadere sui profitti, piuttosto che si tenti di elevare i salari pagati dal suo datore di lavoro fino ad un livello sproporzionato.

So bene che comunemente si ritiene che maggiori tasse avrebbero per l'iniziativa privata, lo stesso effetto negativo di più elevati salari, se non addirittura uno peggiore. Personalmente credo che questa opinione sia falsa. Senz'altro sarebbe meglio per il capitalista pagare sia meno salari che meno tasse; ma se il problema è scegliere tra i due, allora credo che maggiori tasse siano un espediente migliore dell'altro.

La vera obiezione ad una politica di più alte tasse è naturalmente la difficoltà di garantire che esse siano una alternativa e non un'aggiunta ai più elevati salari. Se l'uomo d'affari è già stato indebolito da quest'ultimi, ci dovremmo pensare due volte prima di caricarlo dell'onere addizionale di una maggiore tassazione. Quello di cui veramente avremmo bisogno, per il benessere dell'intera nazione, benché io sia consapevole che non è umanamente possibile, è un nuovo patto con il quale i salari siano ridotti o stabilizzati in cambio di altri vantaggi derivanti da un maggiore carico fiscale.

Non esprimo alcuna opinione rispetto alla possibilità, nelle circostanze attuali, di affrontare un ulteriore miglioramento della condizione materiale della classe operaia. È possibile che si debba posticipare il prossimo importante passo in avanti fino a quando non saremo tornati ad un livello normale di prosperità. È inoltre necessario ed importante ammettere che vi è un limite al livello a cui le tasse possono essere alzate senza che si verifichino reazioni negative sull'industria. Il mio attuale proposito si limita ad esprimere una preferenza per la tassazione, come metodo, piuttosto che elevare i salari ad un livello che è, in un contesto internazionale, antieconomico.

Quando avremo elevato i salari al massimo livello possibile, senza spingere il capitalista ad investire all'estero, ed aumentato le tasse, quanto è concepibile senza provocare altre conseguenze nocive, noi avremo fatto tutto ciò che è in nostro potere, sempre che non si aumenti l'efficienza, per migliorare le condizioni della classe operaia nell'attuale contesto sociale. Non possiamo fare di più senza abolire il sistema capitalistico: se vale la pena di fare ciò dipende dal nostro giudizio sull'efficienza tecnica e l'attrattiva morale dell'alternativa.

Bene, come nel caso di alcuni giudizi economici del passato, ad es. quelli di Ricardo, queste franche conclusioni di un economista possono essere interpretate in un senso sia conservatore che rivoluzionario. Il conservatore concluderà che il suo istinto ha ricevuto un'ampia giustificazione in quello che ho detto. Esso lo portava a sottolineare l'estremo pericolo e la difficoltà di abbandonare gli antichi sentieri e a ritenere che le vecchie e gravi disuguaglianze nella distribuzione della ricchezza fossero radicate nelle cose. D'altro canto il liberale ed il socialista moderato saranno felici di trovare che essi hanno avuto ragione nella loro diffidenza verso il sindacalismo radicale, che la migliore strada consiste nel continuare ad ampliare il programma di servizi sociali cominciato nel 1906 e che vi è ancora spazio lungo queste linee. Infine, il rivoluzionario apprenderà da questo scritto che la situazione è proprio quella che supponeva, cioè che non vi è nulla da fare nell'attuale contesto sociale, che è un completo spreco di tempo cercare di emendarlo e che l'unica attività sensata è organizzarsi in vista di cambiamenti rivoluzionari. Così credo proprio di esser stato capace, una volta tanto, di accontentare tutti.

LA CONGIUNTURA ECONOMICA *

A differenza, diciamo, di 8 mesi fa, oggi dovrei attribuire le maggiori responsabilità della nostra situazione economica alla crisi internazionale che ha sconvolto prezzi, profitti, volume del commercio, occupazione e produzione industriale. La crisi commerciale, che si è sviluppata a partire dal crollo di Wall Street dello scorso autunno, è tra le più gravi che si siano mai verificate nella storia economica moderna. Sia il mondo degli affari che il pubblico dei non addetti ai lavori stanno, credo, sottostimando di molto la rilevanza di questo fenomeno. Nei 3 principali paesi industriali — Gran Bretagna, Stati Uniti e Germania — vi sono oggi più di 10 milioni di lavoratori disoccupati, ed è improbabile che sia già stato raggiunto il punto più basso della crisi. Anche se non avessimo avuto già dei guai per conto nostro saremmo oggi comunque in grossa difficoltà. Il sovrapporsi di questa crisi ai nostri precedenti problemi ha dato invece alla gente l'impressione che si tratti di un'ulteriore fase in un ben definito processo discendente, piuttosto che del movimento al ribasso di un'oscillazione ciclica — cosa di cui credo si tratti effettivamente — la quale sarà seguita ad un certo momento da una reazione contraria. È forse possibile, ed utile nel contempo, cercare di chiarire questo aspetto all'opinione pubblica.

* *The State of Trade*, 1930 [CWK, vol. XX, pp. 370-84]. L'articolo nasce da un questionario che MacDonald aveva mandato ai diversi economisti dell'Economic Advisory Council chiedendo loro risposte sui principali problemi economici.

Non soltanto la crisi internazionale è la caratteristica più marcata della situazione ma essa crea un ambiente assai sfavorevole, come non esisteva un anno fa, per risolvere gli specifici problemi del nostro paese. Questo, secondo me, significa che non dobbiamo essere troppo impazienti di conseguire dei risultati positivi. Al tempo stesso, però, non dobbiamo abbandonare gli sforzi per rimediare alle nostre disfunzioni locali e, come scusa del nostro immobilismo, rifugiarci nel problema internazionale ora preminente.

Se si tiene presente, comunque, la natura internazionale della crisi si è costretti ad ammettere che il nostro paese, fin quando agisce da solo, non è in grado di invertire la tendenza in atto. La Banca d'Inghilterra può probabilmente fare qualcosa, dietro le quinte, per accelerare la ripresa, ma se potesse agire in stretta collaborazione con il Federal Reserve Board degli Stati Uniti potrebbe fare ancora di più. Forse sarebbe possibile da parte sua una politica più decisa ed improntata ad una maggiore chiarezza di obiettivi. Ma non vedo alcuna ragione per supporre che la Banca d'Inghilterra non comprenda la natura della situazione internazionale o non stia tentando di affrontarla nel modo giusto.

Stando alle esperienze passate non c'è ragione di credere che la ripresa abbia luogo in tempi rapidi. Forse in questa situazione il pericolo più grosso è il prematuro ottimismo degli Stati Uniti, che stanno ancora puntando ad una sostenuta ripresa per questo autunno. Credo che sarebbe più prudente attendersi un cattivo inverno, forse non peggiore da noi di quello a cui siamo stati abituati, ma assai sfavorevole negli Stati Uniti. Questo, psicologicamente, potrebbe aprire la strada a più determinate e drastiche misure di cooperazione per invertire la tendenza del ciclo la prossima primavera.

Mentre occorre tenere nella giusta considerazione il peso delle complicazioni internazionali, ci inganneremmo se attribuissimo ad esse tutti i nostri problemi e non cercassimo di trovare rimedi ragionevoli, con la convinzione di esser stati puniti da un « atto divino », di cui non siamo responsabili o rispetto al quale non possiamo fare nulla.

La nostra situazione era già abbastanza critica un anno fa. In quel periodo, se si andava a indagare, si potevano trovare, come sempre avviene, situazioni difficili in varie parti del mondo; tuttavia non avevamo il diritto di ridurci all'immobilismo con la scusa che i nostri problemi erano dovuti ad influenze esterne sulle quali non avevamo alcun controllo.

Se, dal punto di vista tecnico di un economista, dovessi riassumere le principali difficoltà, sia internazionali che locali, lo farei nel modo seguente.

1. Difficoltà internazionali

Al momento attuale le aspettative sui profitti, che si spera di realizzare con nuove iniziative industriali e nuovi investimenti, sono ad un livello più basso di quello al quale eventuali creditori offrirebbero i loro fondi a lungo termine: in altre parole vi è un divario tra il saggio di interesse chiesto da coloro che prestano il denaro e il saggio di profitto che si attendono gli imprenditori. In particolare ciò si deve alle aspettative pessimistiche del mondo degli affari che hanno origine tra l'altro nella caduta dei prezzi; ma secondo il mio giudizio, questo divario è dovuto ancor più al livello veramente alto al quale si colloca oggi il saggio d'interesse a lungo termine. Dubito che vi sia stato in tempi di pace e nell'arco degli ultimi 100 anni un periodo nel quale una nuova iniziativa imprenditoriale, prudente e giustificata, sarebbe stata capace di sopportare i saggi d'interesse ora praticati. Il livello elevato di questi ultimi è stato il risultato di vari fattori: gli alti tassi ai quali il periodo di guerra aveva abituato gli investitori, l'elevato saggio d'interesse che nell'immediato dopoguerra gli imprenditori di tutto il mondo avevano convenienza ad affrontare per la ricostruzione del capitale d'esercizio e che gli speculatori di borsa erano disposti a pagare a Wall Street e negli altri mercati finanziari ed infine la presenza di un gran numero di governi costretti ad indebitarsi mentre erano in attesa di negoziare la stabilizzazione della loro posizione finanziaria internazionale. Questi governi erano sempre pronti ad affrontare un qualsiasi saggio d'interesse pur di soddisfare i loro creditori e, nel mettersi d'accordo per pagare un dato saggio, non facevano calcoli sulla profittabilità del denaro che prendevano a prestito.

Quasi tutte le somme raccolte sui mercati internazionali ad alti saggi d'interesse, che, in tempi recenti, hanno tenuto depresso il mercato dei titoli, sono dovute all'esigenza di rimborsare debiti già contratti e non a quella di investire in nuovi beni capitali dai quali ci si attenda un rendimento equivalente a tali tassi. Così per il momento, i nuovi investimenti reali sono stati spazzati via dagli elevati saggi di interesse fissati attraverso la competizione di speculatori e di debitori in stato di necessità, il cui atto di indebitarsi non ha nulla a che fare con l'iniziativa industriale o l'occupazione. Oggi, comunque, dovrebbe essersi concluso il periodo nel quale conveniva agli speculatori, più che agli imprenditori, affrontare questo elevato costo del denaro, e non vi sono più di una o due nazioni in attesa di stabilizzare la propria posizione debitoria. A tempo debito, perciò, mi aspetto una grande caduta del saggio d'interesse. Fino a quando questa caduta non si realizza i nuovi investimenti non ripartiranno e fin quando ciò non avverrà i prezzi rimarranno depressi. Non vedo alcuna ragione, comunque, per aspettarci che i creditori si adattino rapidamente alle opinioni di coloro che prendono il denaro in prestito. Alla fine il gap sarà colmato in parte da una caduta del saggio d'interesse in parte da un maggiore ottimismo degli imprenditori nel momento in cui essi crederanno che i prezzi abbiano toccato il fondo.

Con l'andar del tempo è scontato che ciò accada ma possono trascorrere molti mesi prima che l'indebitamento a lunga scadenza sia praticato a termini accettabili. Nel frattempo si è instaurato un circolo vizioso: l'eccessivo saggio d'interesse del 1929 ha liquidato l'iniziativa industriale, la caduta di questa ha depresso i prezzi, e la caduta dei prezzi ha ridotto molto al di sotto dei livelli normali quello che le imprese sono disposte a pagare per i loro debiti e dunque ancora più in basso di quanto i prestatori di denaro siano abituati a chiedere. Più la situazione si fa incerta, meno i debitori saranno disposti a pagare e nel contempo, maggiore sarà il saggio d'interesse richiesto dai creditori allo scopo di coprirsi dagli evidenti elementi di rischio.

Al momento attuale il cammino verso la soluzione definitiva è ulteriormente ostacolato dal rifiuto dei francesi ad investire i loro fondi stranieri in eccedenza e dal nervosismo che il conseguente drenaggio d'oro crea in tutti i mercati internazionali. Per il momento questo è un incidente terribilmente seccante. Personalmente non credo che l'ammontare di oro che i francesi intendono accumulare sia illimitato, o che la situazione attuale possa durare all'infinito. Se comunque l'ammontare di oro attratto in Francia restasse ampio, si potrebbero adottare alcuni rimedi, che più avanti suggerisco. Al momento opportuno, comunque, sia il pubblico francese che quello americano saranno disposti, credo, a comprare di nuovo titoli. Il prezzo dei titoli crescerà. Il nostro paese sarà così in grado di rivendere con profitto alla Francia e a New York i titoli che ha comprato negli ultimi tempi con grande coraggio e forse in quantità eccessiva. Finalmente, dopo che il mercato obbligazionario si sarà ripreso a sufficienza, ricominceranno a fiorire nuove iniziative.

Può essere che l'attuale crisi industriale venga ricordata dai futuri storici economici come il canto del cigno degli alti tassi d'interesse provocati dalla guerra e la rinascita dei bassi saggi che prevalevano prima del 1914. Ciò a cui assistiamo è la battaglia del saggio d'interesse per tornare al suo livello di equilibrio. Quando il saggio d'interesse si sarà aperto un varco, scendendo forse a due terzi del suo livello attuale, nessuno ne trarrà più beneficio del Cancelliere dello Scacchiere. Il giorno in cui i titoli governativi inglesi al 3% si avvicineranno alla parità può essere molto più vicino di quanto la maggior parte della gente creda. Nel frattempo dobbiamo essere molto pazienti.

2. Rimedi locali

L'eccedenza delle nostre esportazioni, visibili ed invisibili, sulle importazioni dipende principalmente dai nostri costi monetari di produzione in relazione a quelli esteri. Così, se il livello dei salari è relativamente elevato, l'attivo della bilancia commerciale è relativamente basso. Se, d'altra parte, riduciamo il livello dei salari rapportati alla loro produttività (*efficiency wages*) o di un altro costo di produzione, allora ci possiamo attendere che l'attivo della bilancia migliori.

D'altra parte, la quantità di moneta che cerchiamo di prestare all'estero dipende da fattori alquanto diversi: dal rapporto tra il saggio di interesse, al netto dei fattori di rischio, che gli stranieri ci pagheranno e quello che invece le imprese nazionali saranno disposte a sopportare.

Ciò nonostante, potremmo contenere l'ammontare dei nostri crediti esteri in modo da far sì che esso sia uguale all'ammontare dell'avanzo della nostra bilancia commerciale. In caso contrario soffriremmo di perdite d'oro. Per mantenere *l'equilibrio degli scambi con il resto del mondo* senza causare al nostro interno uno squilibrio nell'occupazione, dobbiamo aumentare l'attivo della bilancia commerciale diminuendo i costi, oppure ridurre il flusso dei prestiti all'estero, trovando all'interno maggiori opportunità per i nostri risparmi.

Il problema che ci siamo trovati di fronte negli anni recenti, come io lo vedo, è che il saggio d'interesse necessario ad uguagliare il livello dei prestiti all'estero, con l'ammontare del sovrappiù della bilancia commerciale risulta troppo elevato per le nostre imprese. La conseguenza è che i nostri risparmi non possono né andare all'estero in forma di esportazioni né essere usati all'interno per nuove iniziative con il risultato di generare disoccupazione e perdite economiche: l'eccesso di risparmio viene in effetti usato per finanziare i costi della disoccupazione e perdite di altro genere.

La discrepanza tra l'alto saggio d'interesse prevalente all'estero e il basso saggio interno è dovuta naturalmente ad una molteplicità di cause. *I saggi esteri sono risultati* elevati in modo abnorme, come si è detto sopra, per ragioni che potrebbero essere transitorie. Viceversa, il tasso al quale si possono attivare grandi quantità di nuovo capitale è stato più vicino ai saggi anteguerra che a quelli postbellici, il che è comprensibile trattandosi di una vecchia nazione.

Quando consideriamo i nostri costi di produzione, troviamo che l'aumento di questi in termini d'oro, causato dalla deflazione e dal ritorno al gold standard alla parità prebellica, si è sovrapposto alle altre difficoltà, e ha fatto sì che per noi oggi sia impossibile avere un avanzo nella bilancia commerciale paragonabile a quello che avevamo in precedenza.

A parte lo squilibrio che ne è così derivato non vi è, comunque, alcuna ragione per essere scoraggiati. L'attivo della nostra bilancia commerciale, anche ora è più elevato di quello di qualsiasi altra nazione. Ancora nel 1929 tale attivo, disponibile per nuovi investimenti esteri, era del 50% maggiore di quello degli Stati Uniti, fatto generalmente ignorato. Il problema è che quella parte dei nostri risparmi che al saggio d'interesse corrente noi siamo in grado di utilizzare proficuamente al nostro interno, è ancora maggiore: *hinc illae lacrimae*.

Passando in rassegna i vari rimedi per risolvere i nostri problemi particolari, distinguendoli da quelli di carattere più generale, la peculiarità della mia posizione risiede, forse, nel fatto che sono favorevole, in pratica, a tutti i rimedi che sono stati suggeriti in ogni sede. Alcuni di essi sono migliori di altri, ma grosso modo tutti sembrano tendere verso la giusta direzione. È un atteggiamento imperdonabile perciò quello di rifiutarne ora uno ora l'altro.

Sono dunque favorevole a un programma eclettico, che utilizzi suggerimenti provenienti da qualsiasi parte, non attendendosi troppo dall'applicazione di uno di essi, ma sperando che nel loro insieme possano raggiungere qualche risultato.

Prima di fornire una lista di questi rimedi, farei meglio a ripetere quale è il mio modo di giudicarli. Non c'è nulla di buono in un rimedio che non incrementi il surplus della nostra bilancia con l'estero o che non fornisca uno sfogo maggiore in patria ai nostri risparmi. Lo schema che ho adottato applica dunque automaticamente tale criterio a ciascuno di questi rimedi.

A. Mezzi per aumentare l'attivo della nostra bilancia commerciale

I. *Con la diminuzione dei nostri costi di produzione*

1) *Razionalizzando l'industria.* Questo è naturalmente essenziale per non perdere terreno nei confronti degli altri paesi: migliorare addirittura la nostra posizione mi pare difficile. Inoltre una parte considerevole della cosiddetta « razionalizzazione » pare abbia a che fare con il problema di un eccesso di capacità produttiva. « Razionalizzare » può servire a ridurre le perdite e magari a restaurare i profitti ma non aumenterà l'avanzo della nostra bilancia commerciale. Ciò nonostante noi dovremmo senza dubbio appoggiare manovre di razionalizzazione con tutti i mezzi possibili.

2) *Riducendo la tassazione.* Se con ciò si intende riduzione della tassazione *aggregata*, ciò è ovviamente desiderabile; ma non credo sia praticabile una qualche importante riduzione se non sospendendo il fondo di ammortamento, cosa che sosterrei nelle circostanze attuali eccetto per quanto serve a sostenere l'indebitamento con il Fondo di Assicurazione. Se con ciò si intende evitare un *aumento* della tassazione aggregata, certamente è importante. Se ciò significa invece la redistribuzione della tassazione così da ridurre la pressione sull'industria, la questione richiede un attento esame. La riduzione delle imposte ha rappresentato uno sforzo in questa direzione. Un altro dovrebbe consistere in maggiori sgravi fiscali per ammortamenti e spese di rinnovamento. Un più esteso intervento dello Stato riguardo ai contributi previdenziali degli imprenditori potrebbe essere un terzo (ma sarebbe praticabile senza aiutare anche i dipendenti?). Una minore imposizione diretta sui profitti, e un aumento invece della tassazione indiretta sui consumi (ad es. con dazi fiscali sulle entrate), potrebbe forse giovare. Allo stesso tempo credo che la maggior parte degli uomini d'affari esagerano riguardo agli effetti della nostra tassazione sui costi di produzione. Tutto considerato, nel nostro paese il sistema fiscale probabilmente contribuisce all'au-

mento dei costi di produzione meno che *in ogni* altro paese fortemente protezionista.

3) *Riducendo i salari-efficienza.* Questo obiettivo si può ottenere o riducendo gli effettivi guadagni degli occupati o, a parità di salario, rendendo i lavoratori più efficienti. La quasi completa rigidità dei nostri saggi salariali, a partire dal 1929, pur in presenza di una grossa riduzione del livello di tutti gli altri prezzi, indubbiamente sorprende. Il fatto che, nonostante tutte le circostanze avverse, i salari reali siano aumentati più velocemente di quanto sia mai successo nella nostra storia, ha sicuramente aggravato di molto le nostre difficoltà. Ci siamo spinti, più per forza delle circostanze che per scelta deliberata, molto più in avanti di quanto fosse prudente. Ma ciò nonostante vi è ora, a mio giudizio una determinazione assai ferma in quasi tutti i settori della comunità a non tornare indietro su questo terreno se non come ultima risorsa, benché in certi casi le riduzioni salariali siano inevitabili e nell'interesse degli stessi lavoratori.

Il rifiuto degli imprenditori e delle loro associazioni, che si sono formate prima del Comitato Macmillan, di raccomandare questa soluzione è stato un fatto veramente sorprendente. Al fine di verificare questo atteggiamento ho spesso cercato di farli tornare sui propri passi ma quasi sempre senza successo.

A me pare però che sia compito dei sindacati di rispondere a questo atteggiamento venendo incontro, quanto più è possibile, agli imprenditori sul terreno di ciò che condiziona e limita l'efficienza. Penso inoltre che dovrebbe esserci una politica preordinata da parte dei lavoratori per garantire una maggiore efficienza in cambio della stabilità dei loro salari. Perché i sindacati non dovrebbero venire incontro agli imprenditori in questa direzione?

II. *Con il protezionismo*

Il nostro avanzo nella bilancia commerciale aumenta sia che noi diminuiamo le nostre importazioni sia che aumentiamo le esportazioni. Utilizzare il nostro surplus di lavoro per produrre beni che ora importiamo porta allo stesso risultato che utilizzarlo per produrre beni addizionali per la esportazione. Ma è forse assai più facile restringere le importazioni che aumentare le esportazioni e, anche ammettendo qualche ripercussione negativa sulle nostre attuali esportazioni, è molto probabile che riusciremmo ad aumentare l'avanzo della nostra bilancia con l'estero con questo mezzo più che con l'altro.

Il protezionismo ha anche altri vantaggi che più avanti ricorderò.

Con riluttanza mi sono perciò convinto che dovrebbero essere introdotte alcune misure protezionistiche, ma a ciò vorrei aggiungere che:

a) La maggior parte dei protezionisti esagera enormemente il contributo che misure protezionistiche possono dare alla soluzione delle nostre attuali difficoltà. Prese da sole queste non ci porterebbero molto lontano. Oltre ai dazi esistenti, credo sia difficile trovare casi plausibili, eccetto che per il ferro e l'acciaio, di dazi che siano essenzialmente protezionistici e non rappresentino invece uno strumento per incrementare le entrate. Quando ci riferiamo alla situazione della Gran Bretagna la motivazione teorica è molto più forte di quella empirica.

b) Se potessimo procedere nei prossimi 10 anni basandoci sulla libertà degli scambi, senza soffrire dei pesanti danni e degli alti costi di questo periodo di transizione, probabilmente nel lungo periodo questa politica ci renderebbe più forti.

c) Sono assai validi, come sempre lo sono stati, gli argomenti contro le barriere tariffarie sul piano della moralità politica, nazionale ed internazionale, e dell'invariabile tendenza di queste, una volta applicate, a passare ogni limite e ad essere difficilmente rimosse.

Nonostante tutto, però, ho paura delle « questioni di principio ». Dal 1918, soli tra le nazioni del mondo, siamo sempre stati schiavi di « solidi » principi generali senza curarci delle circostanze specifiche. Ci siamo comportati come se i « brevi periodi » dell'economista, tra una posizione di equilibrio e l'altra, fossero realmente corti. Essi invece possono essere, e lo sono stati prima d'ora, lunghi tanto da comprendere il declino o la caduta di nazioni. Grosso modo tutte le nostre difficoltà possono essere ricondotte ad una ferma obbedienza ai principi della « retta finanza » che tutti i nostri vicini hanno trascurato. Questa politica di « lungo periodo » è una cosa eccellente in se stessa, a meno che, come i sistemisti di Montecarlo, uno non abbia sufficienti risorse per reggere nel breve periodo. Non è stato Lord Melbourne a dire: « Nessun uomo di Stato fa mai nulla di veramente folle se non basandosi sui principi »?

Gli altri argomenti a favore delle tariffe sono:

a) Il libero commercio è sostanzialmente basato sull'assunzione di condizioni di equilibrio e in particolare sul fatto che i salari cadono al loro giusto livello in relazione alla situazione economica. Se essi non si comportano in questo modo e se per diverse ragioni noi non desideriamo che lo facciano, allora è solo per mezzo delle tariffe che si può raggiungere la distribuzione ideale di risorse tra diversi usi, alla quale punta il libero commercio; e vi è un caso teorico incontestabile che giustifica dazi compensatori all'importazione (o anche premi all'esportazione) equivalenti alla differenza tra salari effettivi e salari di equilibrio.

b) Non credo che il problema di bilancio possa essere risolto in modo soddisfacente senza una tariffa, in primo luogo sulle entrate derivanti dalle importazioni di beni manufatti. Questa è l'unica forma di tassazione che certamente darà fiducia alla gente! Attribuisco a questo aspetto una grande importanza.

c) Non sono più un difensore del libero commercio, e credo che praticamente nessun altro lo sia, nel vecchio significato di questo termine, cioè nel senso di credere ad un grado assai elevato di specializzazione e nell'abbandono di ogni industria che sia, al momento, incapace di reggersi sulle sue gambe: in presenza di salari rigidi questa sarebbe una dottrina straordinariamente pericolosa da seguire. Credo ad esempio, che questo paese nel lungo periodo sia ragionevolmente adatto, e dovrebbe sviluppare, un'industria automobilistica, siderurgica e di prodotti agricoli. Se mi si dimostra che nelle attuali circostanze e con questi salari tali industrie non possono sopravvivere, allora sono favorevole a proteggerle con dazi. Ma un vero liberoscambista dovrebbe rispondere senza esitazione: che le si lasci andare in rovina. In questi ultimi mesi sono andato alla ricerca di qualche persona responsabile che fosse un liberista in questo senso tradizionale del termine, ma non ne ho trovato neanche uno. Le persone che si definiscono liberoscambisti quasi sempre ribattono che le industrie sono in grado di prosperare senza dazi e che questi, anzi, gli sarebbero in effetti di danno. Ma tale risposta non ha nulla a che vedere con il libero scambio — un vero liberoscambista non vorrebbe neanche conoscere la risposta a queste domande — al contrario essa è espressione di un giudizio dogmatico su una materia puramente tecnica, un giudizio che la persona interpellata non è generalmente qualificata a dare. Perciò è *possibile* che una certa industria, in un settore vitale dell'economia, possa trarre beneficio da un dazio e che sia incapace di sopravvivere senza di esso. Affermare il contrario non è ragionevole e non fa parte della dottrina del libero scambio.

d) I liberoscambisti hanno sempre ammesso che le barriere tariffarie probabilmente mutano le ragioni di scambio in favore della nazione protetta. Credo che questo fattore sia oggi quantitativamente più importante per noi di quanto fosse in passato.

III. *Con il contingentamento delle importazioni*

Non ne so ancora molto ma l'idea mi attrae.

IV. *Tramite accordi con i Dominions*

Sono scettico ma non ostile.

V. *Aumentando il commercio mondiale nel suo insieme, nella speranza con ciò di accrescere l'ammontare assoluto della nostra quota*

Questo aspetto ha soprattutto a che fare con il lato internazionale del problema, che in questa sede non sto sviluppando. Riassumo come segue i provvedimenti che dovrebbero essere adottati:

1) Una coraggiosa e persistente politica di denaro a buon mercato, anche se ciò significa perdere oro (io aumenterei subito l'emissione fiduciaria di banconote così da far fronte a questa eventualità).

2) Incoraggiare il mercato dei titoli e dei nuovi prestiti a lungo termine in generale, fino al limite della nostra capacità.

3) Una stretta cooperazione con il Federal Reserve Board degli Stati Uniti. Se la Francia ostacola lo sviluppo della situazione chiedendo ostinatamente oro io mi accorderei con il F.R.B. per prendere a prestito 50 milioni di sterline in oro (o 100 milioni se necessario) e con questa somma sfamerei la Francia a sazietà. Questa sarebbe una operazione perfettamente valida; non diminuirebbe la nostra ricchezza né aumenterebbe i nostri rischi, in quanto rappresenterebbe semplicemente la sostituzione di un'obbligazione con un'altra; avremmo un debito nei confronti degli Stati Uniti invece che della Francia, ed appena il mercato dei titoli si fosse ripreso, saremmo in grado di rimborsare questo prestito con profitto. Attribuisco grande importanza a questo suggerimento.

4) Vi sono alcuni prestiti particolari che favorirei allo scopo di sviluppare l'attività commerciale.

a) Mi piacerebbe assumere il controllo della situazione cinese su larga scala. Io gli offrirei un grosso prestito garantito, se possibile a livello internazionale (ho in mente il primo prestito austriaco) a condizione che essi consolidino i loro debiti esistenti e che ritornino con calma e ragionevolezza, cosa che sono quasi pronti a fare, alla pace e al commercio.

b) Spero che faremo uno strappo alle regole se necessario per tirare fuori l'Australia dalle sue difficoltà, quando Sir O. Niemeyer abbia preparato il suo rapporto. Questa nazione ha forse appreso la lezione. In ogni caso nel momento in cui la lana e le altre sue esportazioni in genere sono arrivate a questi prezzi disastrosi non è opportuno sottoporla a una pressione troppo forte. L'Australia, per altri versi, ci dovrebbe inviare più oro, diciamo da 10 a 15 milioni di sterline, per aiutarci a risolvere i *nostri* problemi. A questa condizione, noi dovremmo andare incontro alle sue necessità.

c) D'altro canto, io nutrirei poche speranze nei confronti della Russia.

B. Mezzi per aumentare gli sbocchi interni ai nostri risparmi

I. *Con programmi di sviluppo interno*

Attribuisco a ciò la più grande importanza possibile. Ma non ho da dire su questo nulla di più di quanto ho già detto prima.

II. *Dando sussidi alle imprese private*

1) Elargendo prestiti a lungo termine al (diciamo) 3% per iniziative approvate.

2) Con prestiti per incoraggiare gli scambi.

3) Con speciali sgravi fiscali in relazione a programmi di ampliamento e di miglioramento delle attrezzature produttive.

Questi consigli dovrebbero essere adottati fino al punto in cui, scendendo nel concreto dei singoli progetti, ciò sembri prudente e ragionevole.

III. *Consentendo alle imprese nazionali di affrontare più elevati saggi d'interesse*

1) Attraverso la diminuzione degli altri costi di produzione. Questo non è altro che il punto già trattato nel

capoverso A.I che tende ad influenzare positivamente sia la bilancia con l'estero sia l'investimento interno.

2) Con il protezionismo. Questo è il punto sviluppato nel capoverso A.II.

3) Con il promuovere un clima di fiducia. Più oltre tornerò su questo punto.

IV. *Facendo sì che coloro che danno il denaro in prestito siano disposti ad accettare un saggio d'interesse più basso dalle imprese nazionali*

1) Con una politica fiscale selettiva, che discrimini tra i prestiti all'estero e quelli interni. Le possibilità di adottare questo metodo richiedono un'attenta considerazione. Noi ce ne siamo serviti durante la guerra. E, più recentemente, la Francia lo ha impiegato con grande successo. Può prendere la forma di una tassa di bollo più costosa o di più elevate tasse sui redditi derivanti da prestiti all'estero.

2) Con un embargo parziale su nuovi prestiti all'estero. Questo metodo è stato adottato diverse volte negli anni recenti con parziale successo. La forma più pratica in cui questo metodo può essere applicato consiste nell'uso, da parte della Banca d'Inghilterra, della sua influenza nei confronti degli istituti di investimento per regolare l'andamento delle nuove emissioni all'estero.

3) Con lo spingere verso il basso il saggio d'interesse prevalente sui mercati internazionali. Questa non è altro che la ripetizione del punto A.V.

4) Col promuovere un clima di fiducia. La questione della fiducia, che è di importanza primaria nell'influenzare un investitore quando sta decidendo quali tassi di profitto degli investimenti interni siano attraenti in relazione a quello che gli si offre all'estero, è associata molto strettamente alla situazione del bilancio dello Stato.

Un bilancio che comporti una maggiore tassazione diretta eserciterebbe un effetto disastroso sulla fiducia. Dal momento che ciò che si ricava dall'imposizione fiscale è necessariamente poco quando il livello degli affari, dei profitti o dell'occupazione è al di sotto del normale, questo significa che:

a) tutte le spese per nuovi servizi sociali, come pensioni, l'ampliamento della scuola dell'obbligo e simili, dovrebbero essere spietatamente rinviate a tempi migliori;

b) bisognerebbe andare alla ricerca di tagli moderati, che siano concretamente attuabili, per porre un rimedio agli abusi del sussidio di disoccupazione;

c) dovrebbe essere considerata favorevolmente una forma di nuova tassazione, cioè una tariffa sulle entrate derivanti dall'importazione di beni manufatti, che, peraltro, non avrebbe effetti scoraggianti sull'industria. In realtà, nelle attuali circostanze, considero questo tipo di imposizione fiscale essenziale per un sano bilancio dello Stato.

Il fatto che ho dato molto meno spazio al punto B che al punto A non deve essere interpretato nel senso che attribuisco ad esso una minore importanza. Al contrario, nel lungo periodo credo che dobbiamo attenderci molto di più da B che da A; dopo tutto non possiamo aspettarci di aumentare indefinitamente i nostri investimenti all'estero. La diversa ampiezza delle due trattazioni è dovuta piuttosto a considerazioni di tempo e di spazio e al fatto che A viene prima di B in ordine alfabetico.

Conclusione

Tutti questi rimedi sono buoni e vanno alla radice del male. Nessuno di loro potrebbe essere respinto senza gravi conseguenze. Non ci si può attendere molto soltanto da uno o due di loro. Faremo dunque bene ad avanzare su di un ampio fronte.

UN'ANALISI ECONOMICA DELLA DISOCCUPAZIONE *

1ª Conferenza - Le cause che hanno dato origine alla disoccupazione nel mondo

I

Ci troviamo in questi giorni nel mezzo della più grande catastrofe economica del mondo moderno, la più grande che sia dovuta a cause completamente economiche. Si dice che a Mosca ritengano che questa sia la crisi ultima e culminante del capitalismo e che il nostro attuale ordine sociale non gli sopravviverà. I desideri sono padri dei pensieri. Ma credo che ci sia l'eventualità, né voglio considerarla più che tale, che quando gli storici economici del futuro studieranno questa crisi la interpretino come una fase di svolta radicale. Questo perché c'è la possibilità che la crisi possa prolungarsi più di quanto la maggior parte della gente si attenda e che intervengano profondi mutamenti, sia nelle nostre idee che nei nostri metodi di intervento, prima di venirne fuori. Non parlo ovviamente della durata della fase acuta della crisi ma del protrarsi di uno stato di semi-crisi o almeno di un modesto tenore di vita che ci si attende possano seguire la fase più acuta. Non più che una possibilità comunque.

* *An Economic Analysis of Unemployment* [CWK, vol. XIII, pp. 343-367]. Intervento tenuto alla Harris Foundation (Chicago) nel giugno del '31 durante il viaggio che Keynes fece negli Stati Uniti. Per la discussione successiva a questa relazione si veda J.M. Keynes, *Inediti sulla crisi*, a cura di M. Gobbini, Enciclopedia Italiana, Roma 1975.

Giacché credo che abbiamo il destino nelle nostre mani e che possiamo emergere dalla crisi solo se operiamo delle scelte o piuttosto se ciò verrà fatto da coloro che nel mondo detengono le leve del potere.

Il tema principale che affronterò consiste nel tentativo di analizzare le cause che hanno dato origine alla crisi: se non ne comprendiamo le cause, se la nostra diagnosi non è corretta, non vedo come possiamo sperare di trovarne la cura. Farò uso delle mie teorie sulla moneta e perciò devo, forse, assumere implicitamente una certa familiarità con esse; ma cercherò di non assumerne troppa, così da evitare imbarazzo in chi non ha molta conoscenza di essa.

Non vedo alcuna ragione per avere il più piccolo dubbio sulle cause iniziali della crisi. Lasciatemi tracciare una breve storia degli eventi, cominciando dal 1924-25. A quel tempo, o poco dopo, le perturbazioni che erano derivate, forse inevitabilmente, dalla guerra, dal trattato di pace e dai riaggiustamenti delle relazioni economiche tra i diversi paesi, sembravano aver quasi compiuto il loro corso. La fiducia era più o meno ristabilita; il meccanismo dei prestiti internazionali stava funzionando spontaneamente; e, mentre alcuni paesi europei avevano ancora serie difficoltà da superare, per il mondo nel suo insieme, la situazione economica sembrava essersi rimessa al bello. Da ogni parte si credeva che il ripristino generalizzato del gold standard avrebbe completato l'edificazione della prosperità e che alle più avanzate nazioni industrializzate di tutto il mondo si prospettasse un periodo indefinitamente lungo di benessere economico crescente. Così, a parte certi problemi interni di carattere locale in Gran Bretagna (non affronto, se non incidentalmente, i problemi inglesi) questa fu la situazione che si protrasse per quattro o cinque anni. Ora quale è stata la caratteristica dominante di questo periodo? Dove e come si sono sviluppate le cause dei successivi problemi?

La principale caratteristica fu una straordinaria volontà di indebitarsi ad alti saggi di interesse, allo scopo di intraprendere nuovi investimenti reali. Tali saggi erano straordinariamente alti rispetto agli standard di prima della guerra e mai nella storia del mondo, si può dire, le imprese nel loro insieme ne avevano pagati di così elevati per un periodo tanto lungo. In realtà questo fenomeno non fu evidente in tutto il mondo, ma certo in larga parte di esso.

Lasciatemi da prima prendere in considerazione gli Stati Uniti, perché questa nazione ha sempre mantenuto la posizione chiave. L'attività di investimento in questo paese è stata qualcosa di prodigioso e di incredibile. Nei quattro anni 1925-28 il valore totale delle nuove costruzioni negli Stati Uniti ammontò a qualcosa come 38 miliardi di dollari. Questo avvenne, si stenta a credervi, ad una media di 800 milioni al mese per quarantotto mesi consecutivi. Fu più del doppio delle costruzioni effettuate nel periodo 1919-22 e, posso aggiungere, più del doppio dell'ammontare delle costruzioni che si effettuano oggi. E questo non è tutto. La crescita del sistema di installazioni industriali, che rappresenta una sorta di semi-investimento, procedette *pari passu*. E, ancor più importante, gli Stati Uniti furono un disinvolto acquirente di tutti i tipi di titoli stranieri, buoni, cattivi e mediocri: con grande facilità prestarono denaro alle altre nazioni a scopo di investimento. In larga misura gli Stati Uniti agirono, in questa generosa politica di prestiti all'estero, come canale per i risparmi dei più cauti paesi europei, che avevano meno fiducia nella propria prosperità di quanta non ne avesse l'America. Cosicché l'emissione di titoli stranieri fu spesso finanziata largamente con fondi a breve termine che il resto del mondo, mosso da considerazioni basate sulla sicurezza e sulla liquidità, stava depositando a New York. Anche la Gran Bretagna prestò fondi su scala considerevole. Si è stimato che nel 1925 il prestito netto di denaro all'estero da parte dell'insieme di tutti i paesi esportatori di capitali ammontò a circa 2,3 miliardi di dollari. Naturalmente il risultato fu di facilitare programmi di investimento in un'ampia area, specialmente nel Sud America. Tutti i paesi del Sud America si trovarono nella posizione di finanziare ogni genere di programma, buono o cattivo che fosse. Un paese relativamente piccolo come la repubblica di Colombia, per esempio, fu in grado di indebitarsi a New York a un livello che si avvicinava, non ricordo la cifra esatta, a 200 milioni di dollari in un breve periodo di tempo. I saggi di interesse erano realmente elevati, ma c'era l'accordo tra chi prestava e chi riceveva in prestito. La Germania, come noi tutti sappiamo, fu un altro paese che ebbe la possibilità, e non se la lasciò sfuggire, di indebitarsi su scala gigantesca: nel 1925 essa da sola prese in prestito somme che si avvicinavano ai 100 milioni di dollari.

Questo disinvolto indebitamento fu adeguatamente accompagnato da programmi di espansione del capitale. In Francia si sviluppò un'intensa attività nel settore delle costruzioni; in Germania fu ricostruita l'industria e l'iniziativa degli enti locali fu incrementata fino ad un livello sorprendente; in Spagna la dittatura si imbarcò in enormi programmi di spesa pubblica. In quasi tutti i paesi europei vennero, dunque, impiegate nel settore delle costruzioni ampie quote di forza lavoro e di attrezzature industriali, utilizzando di conseguenza, ma non producendo, beni di consumo. Lo stesso accadde per tutto il Sud America e per l'Australia. Anche in Cina la prolungata guerra civile comportò grandi spese che non furono utilizzate per la produzione di beni di consumo: tali spese, nel momento in cui si realizzano, sono analiticamente identiche alla spesa per investimenti, anche se i loro frutti futuri sono meno che nulla. In Russia, allo stesso tempo, furono compiuti immensi sforzi rivolgendo ai programmi di industrializzazione una proporzione insolitamente elevata di risorse naturali.

Vi fu in realtà soltanto un'importante, seppur parziale, eccezione, rappresentata dalla Gran Bretagna. In questo paese gli investimenti procedettero su scala in un certo senso moderata. Lo sviluppo di una rete stradale e programmi di edilizia abitativa contribuirono a tenere su gli investimenti. Ma il ritorno al gold standard e il relativo declino delle principali esportazioni inglesi ridusse seriamente la capacità di questo paese di investire all'estero una quota di risparmi simile a quella che si era realizzata dal 1900 al 1914. E per varie ragioni gli investimenti interni non erano sufficienti ad assorbire l'intero sovrappiù. Questa, sono sicuro, è la fondamentale ragione per cui in Gran Bretagna abbiamo avvertito la depressione prima del resto del mondo. Noi non stavamo prendendo parte all'enorme boom degli investimenti goduto dagli altri paesi. I nostri risparmi erano quasi sicuramente in eccesso rispetto agli investimenti. In breve, abbiamo sofferto di una deflazione.

Mentre una parte degli investimenti che venivano realizzati su larga scala era senza dubbio valutata male e risultava infruttuosa, non ci può essere, credo, alcun dubbio, che il mondo si arricchì enormemente grazie allo sviluppo dell'edilizia del quinquennio 1925-29; la sua ricchezza, in questi cinque anni, aumentò come in un qualsiasi altro periodo di dieci o venti anni della sua storia. L'espansione si concentrò nel settore dell'edilizia abitativa, nei programmi di elettrificazione e nell'attività congiunta di costruzioni di strade e di automobili. In quei cinque anni si realizzò un cambiamento apprezzabile nella situazione degli alloggi, delle centrali elettriche e del sistema dei trasporti di larga parte del mondo. Ma lo sviluppo non si indirizzò solo verso alcuni settori particolari: quasi tutti i comparti produttivi fecero la loro parte in questo aumento di investimenti. Si espanse in misura notevole la capacità mondiale di produzione di derrate alimentari e di materie prime; sotto la guida del progresso scientifico, i macchinari e le nuove tecniche di produzione contribuirono all'aumento della produzione di tutti i metalli, della gomma, dello zucchero, dei principali cereali, etc. La sezione economica della Lega delle Nazioni ha pubblicato i dati concernenti questo sviluppo. Nei tre anni 1925-28 la produzione mondiale di derrate alimentari e materie prime aumentò ad un tasso non inferiore all'8% e la produzione di beni manufatti crebbe al tasso del 9%, cioè almeno allo stesso saggio delle materie prime [1]. Lo sviluppo fu particolarmente rapido in Europa, dove l'aumento della produzione risultò con molta probabilità maggiore anche di quello realizzatosi nel Nord America.

Senza dubbio, com'era inevitabile in un periodo di così rapido cambiamento, il saggio di crescita di alcune merci particolari non fu sempre nel giusto rapporto con quello delle altre. Ma, nell'insieme, non credo che ci troviamo di fronte a grossi squilibri, come invece si afferma da parte

[1] Cito da una pubblicazione della Lega delle Nazioni.

di alcune autorità. Il saggio di crescita del capitale per le costruzioni edilizie, per le imprese manifatturiere e per la produzione di materie prime, o il saggio di crescita delle derrate alimentari, delle materie prime, dei beni manufatti e delle attività che richiedevano l'impiego di servizi personali, mi sembra, retrospettivamente, che fosse equilibrato nel modo opportuno. Qualche altro quinquennio di attività simile ci avrebbe in realtà potuto portare vicini all'Eldorado economico, dove sarebbero stati soddisfatti tutti i nostri ragionevoli bisogni materiali.

Non è necessario, in questa sede, giungere a una precisa conclusione su quanto questo boom degli investimenti fosse inflazionistico, nel senso particolare che di questo termine ho dato: se, in altre parole, esso fu bilanciato dai risparmi o invece finanziato da eccedenze di profitto ottenute vendendo la produzione a un prezzo esageratamente elevato rispetto ai normali costi di produzione. Sono propenso a credere che il ruolo giocato dall'inflazione fu sorprendentemente modesto e che i risparmi tennero in modo rimarchevole, il passo degli investimenti. Infatti ci fu soltanto un rialzo molto lieve dei prezzi di quelle merci delle quali si calcola il numero indice. Questo non prova che non vi fosse inflazione: primo perché non disponiamo di adatti indicatori per i beni di consumo cosicché questi potrebbero, se li avessimo, mostrare un risultato diverso. Secondo, perché il periodo fu caratterizzato da un'efficienza rapidamente crescente e potrebbe essersi verificato che, mentre il prezzo di molte merci rimase immutato, una proporzione eccessivamente bassa dell'aumento di produzione andò ai fattori produttivi, e una troppo elevata agli imprenditori, cosa che, secondo la mia definizione, sarebbe stata inflazionistica. Probabilmente in certi luoghi ed in alcuni momenti l'inflazione fu certamente presente. Ma credo che ci siano prove che mostrino come i risparmi fossero in effetti disponibili in abbondanza ed adeguati a finanziare una quota assai larga degli investimenti che si stavano realizzando. Questa conclusione, se corretta, sarà importante in seguito.

Come mai, allora, tutta questa feconda attività è improvvisamente finita? Questa domanda mi porta a sviluppare la seconda parte del mio discorso.

II

Sembra una straordinaria sciocchezza pensare che questa meravigliosa esplosione di energia produttiva sia stata preludio all'impoverimento e alla depressione. Alcuni spiriti austeri e puritani la considerano una nemesi inevitabile, e nel contempo desiderabile, di una crescita così spropositata, come essi la definiscono: una nemesi dell'animo speculatore dell'uomo. Sarebbe, essi ritengono, una vittoria per il Dio mammone della malvagità se così tanta prosperità non fosse successivamente bilanciata da una bancarotta universale. Abbiamo bisogno, dicono, per rimetterci in sesto, di quello che gentilmente chiamano una « liquidazione prolungata ». La liquidazione, ci dicono, ancora non è completa. Ma col tempo lo sarà. E quando sarà trascorso un periodo sufficiente per completarla, tutto andrà di nuovo per il meglio.

Non accetto questa opinione. Trovo che la spiegazione delle attuali perdite del mondo degli affari, della riduzione della produzione e dell'occupazione che necessariamente ne deriva, non risiede nel livello elevato degli investimenti che si ebbe fino alla primavera del 1929 ma nella successiva cessazione degli stessi. E non comprendo come la bancarotta universale possa produrre alcun elemento positivo o portarci più vicino alla prosperità se non nella misura in cui aiuti a rimuovere, grazie a qualche evento favorevole, gli ostacoli ad una ripresa degli investimenti.

Vi suggerisco perciò di rivolgere la vostra attenzione ai problemi relativi alle cause del collasso degli investimenti o ai mezzi per determinarne la ripresa. Non possiamo sperare né di predire né di limitare la durata della crisi se non comprendiamo a fondo la natura di questi fenomeni.

Guardando indietro, è ora chiaro che il declino degli investimenti cominciò all'inizio del 1929, che precedette (e secondo la mia teoria ne fu la causa) il declino dei profitti industriali e che prese un certo slancio già prima della crisi di Wall Street nell'autunno del 1929.

Perché gli investimenti crollarono? Probabilmente per un complesso di cause.

1) Fu praticato un saggio d'interesse troppo elevato. L'esperienza aveva cominciato a mostrare che quelli che si indebitavano non riuscivano in effetti a guadagnare sui nuovi investimenti tassi simili a quelli per i quali si erano indebitati.

2) Anche se qualche nuovo investimento poteva far guadagnare questi alti saggi, con l'andare del tempo, tutti i migliori affari furono realizzati e la crema degli affari scomparve. In altre parole, come c'era da aspettarsi, la aumentata offerta di beni capitali implicò che, per rendere possibile una ulteriore espansione, il saggio d'interesse sarebbe dovuto diminuire fortemente.

3) Ma proprio in questo momento, lungi dal decrescere, il saggio d'interesse ebbe una tendenza al rialzo. Gli sforzi delle banche della Riserva Federale per controllare il boom di Wall Street stavano rendendo l'indebitamento estremamente caro per tutte le categorie di debitori.

4) Un'ulteriore conseguenza del così elevato costo della moneta negli Stati Uniti fu di attirare l'oro dal resto del mondo, causando quindi, dovunque, una contrazione del credito.

5) Una terza conseguenza fu il rifiuto da parte degli investitori americani di acquistare titoli stranieri, dal momento che trovavano molto più eccitante speculare sul proprio mercato azionario. Nel 1929 gli acquisti netti di questo genere, da parte degli Stati Uniti, caddero a circa un quarto di quello che erano stati nell'anno precedente e nel 1930 risultarono così bassi da essere trascurabili.

Non c'è bisogno che vi ricordi a quanto ammontò la caduta degli investimenti fissi negli Stati Uniti. Se prendiamo i consueti dati Dodge, fissando a 100 l'indice per l'anno 1925, troviamo una caduta a 88 nel 1929 e a 64 nel 1930, mentre al momento la cifra è ancora più bassa. Ma questa riduzione di investimenti fissi, anche se è stata forse particolarmente marcata negli Stati Uniti, non è stata comunque confinata a questo paese. Il complesso di circostanze che ho illustrato causò in tutto il mondo una diminuzione assai netta del saggio d'investimento.

Una volta cominciato su scala significativa il declino, è facile constatare (seguendo il mio approccio) come il semplice inizio di un declino abbia comportato un ulteriore ribasso, perché l'alto livello dei profitti cominciò a ridursi, i prezzi delle merci inevitabilmente calarono e questi fatti si trascinarono dietro tutta una serie di ulteriori conseguenze.

1) Il declino della produzione comportò un disinvestimento nel capitale d'esercizio. Negli Stati Uniti ciò avvenne su grandissima scala.

2) La diminuzione dei profitti ridusse l'attrazione esercitata da tutti i tipi d'investimento.

3) La caduta dei prezzi e l'interruzione del processo d'intermediazione creditizia distrusse il credito di quei debitori che si trovavano sull'altra sponda dell'oceano e rese per loro l'indebitamento più caro proprio nel momento in cui essi avevano bisogno, se volevano andare avanti, di prestiti più a buon mercato.

Questa parabola discendente si è protratta fino ai giorni nostri ed il volume di nuovi investimenti è oggi, prendendo il mondo nel suo insieme, al più basso livello da molti anni a questa parte.

Qui si trova, senza alcun dubbio, l'intera spiegazione dell'attuale situazione economica. Ma ho paura che voi possiate denunciare un vuoto molto serio nel mio ragionamento: c'è infatti una tacita assunzione, e per coloro che non l'accettano le conclusioni possono non essere convincenti.

La mia assunzione è questa: ho dato per buono che se il volume degli investimenti cade allora necessariamente anche il livello dei profitti diminuisce. Concedetemi questa assunzione ed il resto, credo, ne consegue automaticamente. Ho infatti motivo di ritenerla vera e ho esposto in dettaglio le ragioni di questa opinione nel primo volume del mio *Trattato della moneta* *, recentemente pubblicato. Ma il ragionamento non è semplice e non posso sostenere che esso faccia parte del nucleo principale del pensiero economico comunemente accettato.

* J. M. Keynes, *Trattato della moneta*, Feltrinelli, Milano 1979.

Mi sforzerò perciò di darvi, nel mio intervento successivo, uno schema di questo ragionamento nei termini che siano i più adatti possibili ad una esposizione orale. Alla luce di ciò, passerò poi ad illustrare quello che ho da dire su un piano più costruttivo.

2ª Conferenza - Analisi teorica della crisi

Ho affermato che, sulla base della mia teoria, è semplice comprendere perché una severa diminuzione del volume degli investimenti avrebbe prodotto i risultati che in questi giorni abbiamo davanti agli occhi. Questa teoria non sarà comunque familiare a molti di voi e, se il mio ragionamento vuole essere completo e comprensibile, mi devo sforzare di delinearne almeno gli aspetti principali. Mi dovete perciò scusare per questa discussione un po' astratta. Rimando coloro che desiderino approfondire ulteriormente questo argomento alla lettura del mio *Trattato della moneta*. Comunque, anche a rischio di impegnare eccessivamente la vostra attenzione, cercherò di esporre brevemente il nocciolo della questione nel modo che segue.

Gli imprenditori retribuiscono i fattori produttivi con determinate somme, che chiamerò i loro « costi di produzione », sotto forma di stipendi, salari, rendite e interessi. Alcuni di questi imprenditori producono beni capitali, altri beni di consumo. Queste somme, questi costi di produzione, rappresentano nel loro insieme i redditi degli individui che sono o possiedono i fattori della produzione. Questi individui nella loro qualità di consumatori spendono una parte di tali redditi comprando beni di consumo dagli imprenditori. La parte rimanente, che chiameremo risparmio, viene da loro collocata nel sistema finanziario: cioè la depositano nelle loro banche, la utilizzano per acquistare azioni o proprietà reali, per pagare le rate di un debito fatto in precedenza o in altri modi simili.

Nello stesso tempo il meccanismo finanziario consentirà ad un differente gruppo di persone di commissionare e pagare vari tipi di beni capitali prodotti correntemente come edifici, fabbriche, macchinari, mezzi di trasporto, servizi pubblici e così via. Ho trovato conveniente chiamare la spesa aggregata di questo genere « valore dell'investimento corrente ».

Così ci sono due flussi monetari che tornano agli imprenditori: la parte di reddito che il pubblico spende in consumi e quella spesa per acquistare beni capitali che ho chiamato valore dell'investimento corrente. Questi due importi presi insieme costituiscono gli incassi o i ricavi delle vendite degli imprenditori.

Ora la profittabilità di un affare nel suo complesso non può dipendere che dalla differenza tra i ricavi delle vendite degli imprenditori e i loro costi di produzione. Se, come ricavo delle vendite, torna loro una somma maggiore di quella che hanno speso in costi di produzione ne consegue che essi stanno realizzando profitti. E, ugualmente, se ottengono una somma inferiore a quella che hanno speso essi subiscono delle perdite. Sto sempre parlando, *si badi bene, di imprenditori* nel loro insieme. Quando si passa ai singoli imprenditori, in ogni periodo alcuni di essi conseguiranno risultati migliori della media, altri peggiori.

Ora esporrò la mia equazione, in realtà assai semplice, che rappresenta, a mio giudizio la spiegazione di tutta la questione.

I costi di produzione degli imprenditori sono uguali ai redditi della popolazione. Questi ultimi sono ovviamente uguali alla somma di ciò che la gente consuma e risparmia. D'altro canto i ricavi delle vendite degli imprenditori sono uguali alla somma di ciò che la popolazione spende in consumo corrente e di quello che la macchina finanziaria fa sì che venga speso in investimento corrente.

Così i costi degli imprenditori sono uguali a ciò che la gente spende più quello che risparmia; mentre gli incassi degli imprenditori sono uguali a ciò che essa spende più il valore degli investimenti correnti. Ne segue, se siete stati in grado di afferrare ciò che sto dicendo, che quando il valore degli investimenti correnti è *maggiore dei* risparmi della popolazione, gli incassi degli imprenditori sono maggiori dei loro costi cosicché essi ne ricavano un profitto; e quando, d'altra parte, il valore degli investimenti correnti è minore dei risparmi del pubblico, gli incassi degli imprenditori saranno inferiori ai loro costi, cosicché essi andranno incontro a delle perdite.

Questo è il mio segreto, la chiave per una spiegazione scientifica dei boom e delle crisi (e di tante altre cose, dovrei dire) che vi offro. Avrete intuito, dunque, che quando il ritmo degli investimenti correnti aumenta (senza una corrispondente variazione nell'andamento dei risparmi) i profitti industriali aumentano. Inoltre il processo ha carattere cumulativo: quando i profitti sono elevati la macchina finanziaria facilita l'incremento degli ordinativi e degli acquisti di beni capitali, cioè stimola ancora di più gli investimenti; questo significa che i profitti crescono ulteriormente e così via. In breve si determina un boom. Il contrario si verifica invece quando gli investimenti calano. Infatti a meno che i risparmi non diminuiscano in egual misura, cosa poco probabile, ne risulta necessariamente che i profitti si riducono. Questo fatto a sua volta agisce negativamente sul volume dei nuovi investimenti, la qual cosa genera un ulteriore declino dei profitti. In breve, la crisi ci sovrasta.

Tutto l'argomento può essere riassunto col dire che un boom è generato da un eccesso di investimento rispetto al risparmio e una crisi da un eccesso di risparmio rispetto all'investimento. Ma dietro questa semplicità ci sono, ne sono ben consapevole, molte complicazioni, insidie e possibilità di errore. Scusatemi se sorvolo su questi aspetti perché, per esporli in modo completo, ci vorrebbero intere settimane. Consentitemi piuttosto di compiere un'ulteriore semplificazione, perché vorrei lasciare per un momento da parte le variazioni dei risparmi. Io assumerò che i risparmi o variano nella direzione sbagliata (cosa che può in effetti accadere soprattutto nelle prime fasi di una crisi, quando la caduta dei valori azionari, col deprezzare il valore dei passati risparmi della gente, può aumentare il suo desiderio di incrementarli) o rimangono sostanzialmente immutati. Oppure, se variano nella giusta direzione, così da compensare parzialmente le variazioni degli investimenti, lo fanno comunque in misura insufficiente (questa è probabilmente la norma, eccetto forse quando la comunità, verso la fine di una crisi, risulta assai impoverita). Mi concentrerò dunque sulla variabilità dell'andamento degli investimenti, giacché questa è, in effetti, una variabile suscettibile di improvvise e violente variazioni. Nelle attuali circostanze questo è l'elemento che, secondo l'opinione comune, ha subito in effetti un rapido e brusco cambiamento. Ovviamente, è impossibile ristabilire la piena occupazione se non si ricostituiscono prima i profitti industriali. Ma nulla, secondo il mio giudizio, può ricostituire i profitti se prima non agisce positivamente sul volume degli investimenti cioè, in altre parole, sul volume degli ordinativi per i nuovi beni capitali (infatti l'unica alternativa teorica sarebbe un consistente aumento dei consumi da parte del pubblico a spese dei risparmi, una campagna allo spreco, che nel momento in cui ognuno è nervoso e incerto e osserva il deprezzamento del valore dei suoi titoli, è molto improbabile si realizzi, indipendentemente dal fatto che sia desiderabile).

Nel passato si era soliti credere all'esistenza di un'armonia prestabilita, in grado di garantire l'uguaglianza tra risparmi e investimenti. Se noi affidiamo i nostri risparmi ad una banca — si diceva — questa li utilizzerà e puntualmente essi troveranno la strada verso l'industria e l'investimento. Ma sfortunatamente le cose non stanno così. Anzi, ritengo che sicuramente questo non avvenga e che siano proprio gli squilibri tra risparmi ed investimenti a generare le fluttuazioni dei profitti, della produzione e dell'occupazione.

Che tipo di circostanze possono portare alla fine della crisi?

È importante notare che fin quando la produzione è calante l'effetto di ogni diminuzione degli investimenti fissi è aggravato dal disinvestimento nel capitale d'esercizio.

Questo processo va avanti, però, solo fino a quando la produzione continua a decrescere: non appena cessa il declino della produzione, anche se questa si stabilizza a un livello molto basso, il processo si arresta. Quando poi la produzione comincia a crescere, pur se rimane ancora modesta, il flusso si inverte e il declino degli investimenti fissi viene parzialmente compensato da un aumento degli investimenti in capitale di esercizio.

Ora vi è un motivo per attendersi che nella fase calante venga raggiunto un punto di equilibrio. Una determinata carenza di investimenti comporta un determinato declino dei profitti. Un declino dei profitti causa una certa diminuzione della produzione. A meno che la carenza di investimenti non sia costantemente crescente, alla fine si raggiunge perciò un livello di produzione sufficientemente basso da rappresentare una specie di equilibrio spurio.

Vi è anche un'altra ragione per cui questo processo al ribasso raggiunge un punto di arresto. Devo a questo punto rivedere la mia assunzione semplificatrice, secondo cui solo l'andamento degli investimenti è soggetto a variazione mentre quello dei risparmi rimane costante. Da prima, come ho detto, il nervosismo generato dalla crisi può in effetti far aumentare il risparmio. Quest'ultimo, infatti, costituisce spesso una salvaguardia contro l'insicurezza. Così i risparmi possono decrescere quando il mercato azionario va alle stelle ed aumentare quando questo è depresso. Inoltre, per le classi salariate o per quelle che percepiscono un reddito fisso, la caduta dei prezzi comporterà un aumento del margine disponibile per il risparmio. Ma non appena la produzione diminuisce in modo consistente, cominciano a operare potenti forze che spingono in direzione di una riduzione del volume netto di risparmio.

Questo poiché colui che è disoccupato, nei suoi sforzi di non permettere una diminuzione eccessiva del suo normale standard di vita, non solo smetterà di risparmiare ma sarà la probabile causa di una gran parte di risparmi negativi, vivendo su risparmi fatti in precedenza o su risparmi di amici o parenti. Un'importanza probabilmente maggiore avrà, comunque, l'emergere di un risparmio negativo da parte del governo, sia attraverso la diminuzione dei versamenti sul fondo di ammortamento sia, come ora avviene negli Stati Uniti, con un effettivo indebitamento. In Gran Bretagna, ad esempio, il sussidio di disoccupazione, ampiamente finanziato con l'indebitamento, è ora ad un livello di 500 milioni di dollari all'anno, che è grosso modo equivalente ad un quarto dell'ammontare stimato di risparmi di questo paese nei periodi di prosperità. Negli Stati Uniti il deficit del Tesoro che deve essere finanziato con l'indebitamento viene calcolato intorno a 1.000 milioni di dollari. Queste spese, considerate nei loro effetti immediati sulla situazione economica, sono così efficaci come lo sarebbero spese dello stesso ammontare per investimenti in beni capitali; l'unica differenza, che è poi abbastanza rilevante, consiste nel fatto che nel primo caso non ci rimane nulla in mano nel periodo successivo.

Lasciatemi illustrare quanto ho detto con dati che si riferiscono alla situazione degli Stati Uniti, dati che devono essere presi solo per il loro scopo illustrativo, anche se li ho scelti in modo da non essere forse troppo lontani dalla realtà. Supponiamo che alla fine del 1928 gli investimenti americani fossero stati al livello di 10 miliardi di dollari all'anno mentre il risparmio nazionale fosse stato di 9 miliardi. Come il nucleo principale della mia analisi mostra, ciò significa che venivano realizzati dalle imprese americane extra-profitti per un ammontare di 1 miliardo di dollari all'anno. Ora supponiamo una diminuzione degli investimenti fino a 9 miliardi. I profitti eccezionali sono ora cancellati, ma una successiva ulteriore caduta fino a 5 miliardi significa che non solo gli extra-profitti sono scomparsi ma che al loro posto, fin quando i risparmi continuano ad essere a 9 miliardi, ci sono ora perdite assai consistenti, dell'ordine cioè di 4 miliardi. Questi sviluppi provocano naturalmente una rapida diminuzione della produzione, che aggrava le perdite col tirarsi dietro un disinvestimento nel capitale d'esercizio. Supponiamo che il disinvestimento in capitale di esercizio sia al livello di 1,5 miliardi all'anno. Fino a quando questo processo va avanti il livello degli investimenti può continuare a cadere, fino a raggiungere 3,5 miliardi. Ciò significa (o dovrebbe significare se le altre variabili rimanessero immutate) incassi da parte del mondo degli affari (includendo ovviamente l'agricoltura) di 5,5 miliardi al di sotto del normale. La produzione verrà stabilizzata ad un livello che consenta un margine rispetto ai costi primi anche quando gli incassi globali sono molto al di sotto del normale. Ma a questo punto la situazione stessa avrà dato luogo a fattori correttivi. Supponiamo che il deficit governativo sia arrivato a 1 miliardo e che il risparmio da parte del pubblico si sia ridotto di 1 miliardo. Inoltre, come la produzione cessa di subire ulteriori cadute si arresterà il disinvestimento nel capitale d'esercizio. Così la differenza nelle entrate rispetto al *livello normale non sarà* più di 5,5 miliardi ma soltanto di 2 miliardi (1 miliardo di abbuono grazie al deficit del governo, 1 miliardo per la diminuzione dei risparmi e 1,5 miliardi per l'arresto dei disinvestimenti nel capitale d'esercizio). Ciò significa che la produzione è inferiore a quella che il nuovo livello di entrate giustificherebbe. Di conseguenza essa aumenta di nuovo. Questo rialzo implica un reinvestimento in capitale *d'esercizio e, fino a quando continua* questo processo, le entrate sono in grado di aumentare fino a raggiungere il livello normale.

Ciò nonostante, se i risparmi della nazione si stabilizzano ad un livello di 9 miliardi, in una condizione di normalità della produzione e dell'occupazione, allora, una ripresa sviluppatasi secondo le linee precedenti è destinata ad avere un carattere illusorio e deludente fin quando il saggio di interesse a lungo termine, unitamente ad altri fattori, è troppo elevato per permettere una spesa per investimenti fissi maggiore di 5 miliardi di dollari. Infatti, una volta che la ripresa è proceduta fino ad un certo livello, si avrà necessariamente una reazione e subentrerà una nuova crisi. In realtà, tenendo presente i dati dell'esempio, il livello al quale giungerà la ripresa sarà relativamente basso.

Perciò sostengo che non vi può essere nessuna sicura base per un ritorno all'equilibrio in una condizione di prosperità, a meno che gli investimenti fissi non si riprendano fino a raggiungere il livello del risparmio nazionale in tempi di benessere.

3ª Conferenza - La via della ripresa

I

Sia o no giustificata la mia sicurezza, non ho nessun serio dubbio o esitazione rispetto alle cause della crisi mondiale. Io le individuo nel collasso degli investimenti che ha avuto luogo in tutto il mondo. Dopo essere stato mantenuto da una varietà di fattori ad un livello notevolmente elevato durante la maggior parte del periodo postbellico, il volume dell'investimento ha sofferto di un enorme declino negli ultimi due anni e mezzo, un declino non completamente compensato da una diminuzione dei risparmi o da deficit governativi.

Il problema della ripresa è perciò il problema di ristabilire il volume degli investimenti. C'è una duplice soluzione a questo problema: da una parte la caduta del saggio dell'interesse * a lungo termine così da rendere concretamente realizzabile una nuova fascia di progetti industriali. Dall'altra la rinascita della fiducia nel mondo degli affari così da invogliarlo ad indebitarsi sulla base di normali aspettative sul futuro. Ma questi due aspetti non sono per nulla separati, giacché la fiducia non migliorerà se non attraverso uno sperimentato miglioramento dei profitti e, se sono nel giusto, i profitti non si riprenderanno se non con un aumento degli investimenti. Ciò nonostante la semplice reazione che ci sarà una volta toccato il fondo e la sensazione che può non essere più a lungo prudente aspettarsi un'ulteriore caduta, faranno sì che probabilmente, nel prossimo futuro, si manifesterà una modesta ripresa della fiducia. Nello stesso tempo dobbiamo operare per ridurre drasticamente il saggio di interesse a lungo termine, così da poterci avvantaggiare in pieno di una qualsiasi ripresa di questa fiducia.

Il problema della ripresa è, a mio parere, indissolubilmente legato a quello di riportare i prezzi ad un più elevato livello, benché, se la mia teoria è corretta, questo è semplicemente un altro aspetto dello stesso fenomeno. Le stesse cause che hanno provocato la ripresa del volume degli investimenti, tenderanno inevitabilmente a far aumentare al tempo stesso il livello dei prezzi. Ma giacché il rialzo dei prezzi è un ingrediente essenziale della mia politica, faccio forse meglio a fermarmi un attimo, per giustificare la precedente affermazione, prima di passare a considerare i modi e i mezzi con i quali è possibile elevare il volume degli investimenti e al contempo il livello dei prezzi.

* Nell'originale inglese al posto di ' interesse ' c'è la parola ' investimento '. Si tratta però di un probabile errore tipografico, come anche Moggridge, curando l'edizione completa delle opere di Keynes, lascia intendere.

Sfortunatamente non c'è unanimità completa tra gli esperti economici rispetto all'opportunità di rialzare in questa fase del ciclo il livello generale dei prezzi. Il dr. Sprague, per esempio, in un discorso tenuto recentemente a Londra e a cui è stata prestata molta attenzione, ha dichiarato che è *preferibile far scendere « i costi e i prezzi* dei beni manufatti fino al livello di equilibrio con i prezzi agricoli, piuttosto che spingere in su questi ultimi fino a raggiungere l'equilibrio con i più elevati prezzi dei primi ».

Da parte mia sono fortemente in disaccordo con questo punto di vista e, se potessi, provocherei una veemente polemica, una effettiva discussione del problema, nella speranza che dal conflitto delle idee emerga qualcosa di utile. Fino a quando non avremo deciso in modo conclusivo se desideriamo o no un rialzo dei prezzi, saremo trascinati, senza una chiara idea di dove andare, su una nave senza timone.

Vogliamo allora che i prezzi si rialzino in modo da tornare alla parità con quelli che alcuni mesi fa consideravamo essere normali livelli degli stipendi, dei salari ed in generale del reddito? O vogliamo ridurre i nostri redditi alla parità con l'attuale livello del prezzo all'ingrosso delle materie prime? Vi prego di notare che io enfatizzo la parola « vogliamo », giacché confonderemmo i termini del problema se non facessimo distinzione tra ciò che vogliamo e ciò che possiamo ottenere. La mia conclusione è che vi sono alcune fondamentali ragioni, di enorme importanza, per desiderare che i prezzi aumentino. Sto parlando di ragioni abbastanza diverse da quelle tecniche, che peraltro spingono nella stessa direzione, di cui ho già parlato e sulle quali tornerò più tardi.

La prima ragione è sul piano della stabilità sociale e della concordia. La resistenza sociale a drastici riaggiustamenti verso il basso degli stipendi e dei salari non rischierà di assumere un carattere preoccupante e pericoloso? A volte si dice che queste variazioni presentano relativamente poche difficoltà in un paese come gli Stati Uniti, dove le rigidità nell'economia non hanno ancora il sopravvento. Trovo difficile crederlo. Ma dovete essere voi, non io, a dirlo. Io so che nel mio paese un taglio effettivamente ampio di gran parte dei salari, una riduzione dello stesso ordine di grandezza della caduta dei prezzi all'ingrosso, è semplicemente impossibile. Tentarlo significherebbe scuotere l'ordine sociale alle sue fondamenta. Difficilmente si può trovare in Gran Bretagna una persona di responsabilità pronta a raccomandare apertamente tale politica. E se in tutto il mondo questa venisse effettuata, non staremmo meglio di quanto accadrebbe se avessimo concepito il ritorno all'equilibrio attraverso la via del rialzo dei prezzi. Se, sotto la pressione di un ferreo ragionamento, dobbiamo dedicare tutti i nostri sforzi alla crociata di un dovere pubblico impopolare, che ciò avvenga per ottenere risultati più consistenti di questo.

Ho detto che non staremmo molto meglio. Ma in realtà, anche se fossimo riusciti a realizzare la riduzione degli stipendi e dei salari, staremmo di gran lunga peggio, perché la seconda ragione per desiderare che i prezzi aumentino è di giustizia sociale e di opportunità, tenendo presente il fatto che il peso dell'indebitamento è fissato in termini monetari. Se noi raggiungiamo un nuovo equilibrio con l'abbassare il livello degli stipendi e dei salari, aumentiamo in proporzione il peso dell'indebitamento monetario. Nel far ciò minacceremmo la stabilità dei contratti. Infatti in tutto il mondo il peso dell'indebitamento monetario è già così forte che ogni rilevante aumento lo renderebbe intollerabile. Questo onere prende forme differenti nei diversi paesi. Nella mia nazione è il debito emesso per finanziare le spese di guerra che rappresenta il grosso. In Germania si tratta del peso per la riparazione dei danni di guerra, il quale è fissato in termini monetari. L'onere dei paesi debitori può divenire così insopportabile che c'è il rischio che essi abbandonino un compito senza speranza per abbracciare il sentiero di una generalizzata insolvenza. Negli Stati Uniti il problema principale è costituito, suppongo, dalle ipoteche degli agricoltori ed in generale dei prestiti su proprietà reali. Vi è infatti quello che, in un istruttivo saggio, il Prof. Alvin Johnson ha chiamato l'« indennizzo dei coltivatori ». L'idea che i problemi degli agricoltori possano essere risolti con lo spingere in giù i costi dell'industria manifatturiera, così che il prodotto agricolo sia scambiato con la stessa quantità precedente di beni manufatti, non tiene conto assolutamente dell'effettiva situazione poiché, nello stesso tempo, voi avrete aumentato in misura notevole l'onere delle ipoteche dei coltivatori che è già troppo elevato. O, per prendere un altro caso, si considerino i prestiti contratti su edifici. Se il costo di nuovi edifici dovesse scendere in corrispondenza del prezzo delle materie prime, quale diventerebbe la sicurezza per i prestiti esistenti?

Così i debiti nazionali, quelli di guerra, le obbligazioni tra nazioni debitrici e creditrici, le ipoteche sulle aziende agricole e quelle sulle proprietà reali, tutta questa struttura finanziaria sarebbe turbata dall'adozione delle proposte del dr. Sprague. Ne deriverebbe di necessità una bancarotta generalizzata, un venir meno a contratti stipulati e il ripudio delle obbligazioni emesse. Le banche sarebbero in pericolo. Non c'è bisogno che continui l'elenco. E quale sarebbe il vantaggio di aver causato così tanta rovina? Non lo so. Il dr. Sprague non ce lo dice.

Inoltre, senza calcolare queste ragioni stringenti, vi è anche una questione tecnica che ho cercato di chiarire nel mio precedente intervento, la cui validità non è così generalmente riconosciuta. Se il nostro obiettivo è di porre rimedio alla disoccupazione è ovvio che, prima di tutto, dobbiamo far sì che gli affari generino maggiori profitti. In altre parole, il problema consiste nel determinare un aumento delle entrate relativamente ai costi. Ma mi sono già sforzato di mostrare che la stessa serie di eventi che condurrà a questo risultato che si vuole conseguire è anche parte essenziale di un meccanismo che provoca più elevati prezzi e che ogni politica la quale, in questa fase del ciclo del credito, non è diretta ad aumentare i prezzi fallisce anche nell'obiettivo di migliorare i profitti industriali.

L'argomento aggiuntivo per desiderare una spinta al rialzo dei prezzi mi sembra, perciò, decisivo come spero sembri a voi. Fortunatamente molte, se non la maggior parte delle persone, concordano con questa opinione. Si può avere la sensazione che ho sprecato tempo nel dare importanza a questo aspetto. Ma non credo che, in realtà, sia stato così, poiché mentre la maggior parte delle persone accetta probabilmente questa opinione, ho dei dubbi che queste stesse persone la condividano con sufficiente forza. Desidero prendere in anticipo delle precauzioni nei confronti di chiunque si potrà domandare, quando passerò alla seconda e conseguente parte del mio ragionamento, se dopo tutto è così essenziale che i prezzi debbano aumentare. Non è meglio che la crisi segua il suo corso? Non saremo poi tutti più sani grazie alla liquidazione, che è il modo cortese in cui viene chiamata la bancarotta generale, quando essa si sarà completamente realizzata?

II

Torniamo ora al nostro tema principale. La terapia contro la disoccupazione comporta il miglioramento dei profitti. Il miglioramento dei profitti si può realizzare solo grazie a un aumento dei nuovi investimenti in relazione ai risparmi. Quest'ultimo fatto deve necessariamente comportare un rialzo dei prezzi, migliorando così l'onere che deriva dall'indebitamento monetario. Il problema si risolve perciò domandandosi quali mezzi possiamo adottare per aumentare il volume degli investimenti che, voi ricorderete, significa nella mia terminologia, spese monetarie in nuovi beni capitali di qualsiasi genere.

Una volta fatta questa affermazione ho detto tutto quello che, a rigore, un economista è autorizzato a dire. Ciò che rimane è essenzialmente un problema di tecnica bancaria. Trovare i mezzi concreti con i quali aumentare gli investimenti è, o dovrebbe essere, affare dei banchieri e in modo *preminente* del banchiere centrale. Ma non dovete credere che abbia completato il mio compito, prima di avervi dato alcune indicazioni sui metodi che il banchiere può usare.

Vi sono, in breve, tre linee di condotta. La prima consiste nel restaurare la fiducia sia di colui che presta che di colui che prende in prestito il denaro. Colui che presta deve avere una sufficiente fiducia nel credito e nella solvibilità del creditore, così da non caricarlo di una pesante addizionale sul costo puro dell'interesse per cautelarsi dal rischio. Colui che si indebita, d'altro canto, deve avere una sufficiente fiducia nella situazione economica e ritenere di avere la concreta possibilità di guadagnare un profitto adeguato nell'intraprendere nuovi investimenti. Può sperare così di recuperare con un margine l'interesse che si è impegnato a pagare al suo creditore. Se non si ha successo nel restaurare un clima di fiducia, ci possiamo facilmente trovare in un circolo vizioso nel quale colui che dà in prestito il denaro richiede, per premunirsi da quelli che considera i rischi della situazione, un saggio d'interesse più elevato del saggio che il potenziale debitore ritiene di poter guadagnare.

Non si può fare molto per restaurare la fiducia attraverso iniziative preordinate; il punto di svolta può in parte coincidere con qualche evento casuale e imprevedibile. È però possibile, ovviamente, che una rilevante influenza possa essere esercitata da favorevoli sviluppi internazionali: per esempio, un alleggerimento dei debiti di guerra, come Hoover ha ultimamente proposto. Benché, se egli non si spinge più avanti rispetto a quanto al momento ha promesso di fare, assai prima che il suo anno di dilazione sia finito, la fiducia può essere violentemente scossa forse proprio nel momento in cui si sarebbero manifestati i primi sintomi della ripresa. Nel complesso, comunque, il ripristino del clima di fiducia deve essere basato non su vaghe aspettative o speranze del mondo degli affari, ma sull'effettivo miglioramento delle principali variabili, in altre parole, sulla rottura del circolo vizioso. Così, se si conseguono dei risultati positivi attraverso le due linee di azione rimanenti, delle quali devo ancora parlare, questi possono essere ingigantiti dal loro effetto sul clima di fiducia.

La seconda linea di condotta consiste nel varare programmi di nuove costruzioni sotto i diretti auspici del governo o di altre autorità pubbliche. Teoricamente, mi sembra, si possono addurre molte argomentazioni a favore di una simile politica, giacché il governo si può indebitare a basso costo e non c'è alcun bisogno che sia trattenuto da calcoli troppo meticolosi riguardo ai profitti attesi. Sono stato, in Gran Bretagna, un fermo fautore di tali misure e credo che esse possano giocare un ruolo notevole nello spezzare dovunque il circolo vizioso. Infatti un programma di governo deve essere finalizzato a migliorare il livello dei profitti e, da qui, accrescere le probabilità che le imprese private si riprendano. Le difficoltà che incontrano i programmi governativi mi pare siano di natura essenzialmente pratica. Non è facile ideare in breve tempo schemi che siano concepiti con saggezza ed efficienza e che possano essere applicati con rapidità su scala effettivamente ampia. Così, mentre approvo l'idea, sono riluttante a usare in pratica solo questo metodo, senza beneficiare del contributo di altri strumenti. Non sono sicuro che, con il passare del tempo, non si possa tentare di organizzare metodi ispirati all'azione diretta del governo secondo queste direttive, in maniera più deliberata di quanto fin qui abbiamo fatto, e che tale azione non possa giocare un ruolo via via più importante nella vita economica della comunità.

La terza linea di approccio consiste in una riduzione del saggio d'interesse a lungo termine. Può darsi che quando la fiducia è al suo punto più basso il saggio d'interesse giochi un ruolo relativamente modesto. Può anche essere vero che, quando si prendono in considerazione gli impianti manifatturieri, il saggio d'interesse non sia mai il fattore dominante. Ma dopo tutto il principale volume degli investimenti prende la forma di costruzione di case, di servizi pubblici e di trasporti. Sono convinto che in questi settori il saggio d'interesse giochi un ruolo predominante. D'altra parte sono pronto a credere anche che una piccola variazione del saggio d'interesse possa non essere sufficiente e questa è la ragione, in realtà, per la quale sono pessimista rispetto a un imminente ritorno alla normalità. Infatti può essere estremamente difficile sia restaurare la fiducia sia ridurre in modo adeguato il saggio d'interesse. Non ci dobbiamo sorprendere, perciò, se passerà un lungo periodo prima di avere una completa ripresa, fino al livello della normalità.

Ciò nonostante una sufficiente variazione del saggio di interesse renderebbe sicuramente a portata di mano tutti quei progetti che sono impossibili da realizzare al presente tasso. Fatemi citare un esempio riferito alla situazione del mio paese. Nessuno crede che elettrificare il sistema ferroviario della Gran Bretagna sulla base di un indebitamento al 5% possa fruttare qualcosa. Al 4,5% gli entusiasti pensano che valga la pena; al 4% ognuno concorda che è un problema aperto; al 3,5% è impossibile mettere in discussione che sia un'iniziativa valida. Così deve essere per una serie infinita di altri progetti tecnici. Ogni caduta del saggio d'interesse porterà una nuova fascia di progetti nella sfera della praticabilità. Inoltre se è vero, come probabile, che la domanda per alloggi è elastica, ogni significativa caduta del saggio d'interesse, giacché riduce l'affitto che si richiede, comporterà una domanda addizionale per alloggi.

A mio modo di vedere, in realtà, il compito di allineare il saggio d'interesse a lungo termine al livello consentito dalle possibilità tecniche della nostra epoca, così da avvicinare il più possibile la domanda di nuovi beni capitali al volume corrente di risparmi della comunità, deve essere il primo obiettivo della politica creditizia. Può non essere facile e possono richiedersi grossi cambiamenti, ma non vi sono altre vie di uscita.

Infine, come fa il sistema bancario ad influenzare il saggio d'interesse a lungo termine? A prima vista il sistema bancario ha a che fare con il saggio d'interesse a breve termine piuttosto che con quello a lungo.

Col passare del tempo non vedo difficoltà insuperabili. C'è una normale relazione tra saggio d'interesse a breve termine e quello a lungo e, nel lungo periodo, il sistema bancario può influenzare il saggio d'interesse a lungo termine sempre che segua ostinatamente la politica corretta riguardo al saggio d'interesse a breve termine. Ma vi possono anche essere manovre che affrettino l'effetto del saggio a breve su quello a lungo termine. Una riduzione del saggio d'interesse a lungo termine equivale a un rialzo del prezzo dei titoli. Il prezzo dei titoli grosso modo corrisponde al prezzo delle *attività non liquide* in termini di attività liquide. Vi suggerisco tre modi con i quali è ragionevole sperare di esercitare un'influenza in questa direzione.

Il primo metodo consiste nell'aumentare la quantità di attività liquide, in altre parole, nell'accrescere le basi del credito per mezzo di operazioni di mercato aperto, come sono comunemente chiamate da parte della banca centrale. So che questo comporta problemi tecnici di una certa difficoltà dei quali non posso occuparmi in questo intervento. Comunque, al momento opportuno, avrei fiducia nella possibilità d'influenzare il prezzo dei titoli offrendo costantemente sul mercato una quantità di attività liquide maggiore di quella che il mercato si sente di richiedere, così da sviluppare una pressione costante verso la trasformazione delle attività liquide in più profittevoli attività non liquide.

La seconda iniziativa consiste nel diminuire l'attrattiva delle attività liquide attraverso un più basso saggio d'interesse sui depositi. Nelle attuali circostanze mi sembra che il saggio d'interesse che viene concesso sulle attività liquide dovrebbe essere ridotto quanto più è possibile ad un livello trascurabile.

Il terzo metodo consiste nell'aumentare l'attrattiva delle attività non liquide, e questo comunque ci riporta al nostro primo rimedio, cioè, ai metodi per aumentare la fiducia.

Da parte mia, ritengo che sarebbe consigliabile avanzare simultaneamente su tutti e tre i fronti. Ma il messaggio centrale, che vorrei trasmettervi, consiste nella necessità vitale, per una società che si trovi nelle condizioni attuali, di abbassare il saggio d'interesse a lungo termine ad un livello coerente con la realtà sottostante. Mano a mano che le case e le attrezzature di ogni tipo aumentano in quantità, noi dovremmo, sul principio dell'interesse composto, diventare via via più ricchi. Mano a mano che i mutamenti tecnologici rendono possibile una data produzione di beni di ogni sorta con una quantità decrescente di sforzi umani, ancora, noi dovremmo aumentare per sempre il livello di benessere economico. Ma gli sviluppi peggiori sono quelli che via via ci portano a quello che può essere chiamato il dilemma di un paese ricco, quelli, cioè, che rendono sempre più difficile trovare uno sbocco per i nostri risparmi. Così abbiamo bisogno di prestare costantemente attenzione al saggio d'interesse a lungo termine per paura di non aver successo nell'indirizzare i nostri risparmi verso usi costruttivi, con il conseguente spreco delle nostre risorse. E dobbiamo stare attenti a questo spreco perché esso può interferire con il benefico operare dell'interesse composto che, se ogni cosa procedesse liscia in una società ben governata, ci condurrebbe, nello spazio di alcune generazioni, all'abolizione completa della necessità economica.

LA PIANIFICAZIONE STATALE *

C'è, in questi giorni, una nuova idea in giro: un nuovo modo d'intendere le possibili funzioni del governo. In questo discorso, il penultimo di una serie su « Stato e industria », cerco di afferrare dall'atmosfera circostante l'essenza di questo nuovo concetto per poi ricollocarlo nel suo contesto.

Mi riferisco a ciò che viene chiamato pianificazione, pianificazione statale; qualcosa per la quale non più tardi di cinque anni fa non c'era neppure un'appropriata parola inglese. Non è Socialismo, né Comunismo. Possiamo accettare l'opportunità ed anche la necessità della *pianificazione* senza essere comunisti, socialisti o fascisti. Ma è possibile realizzare la *pianificazione*, nella sua effettiva natura, senza un grande cambiamento nelle tradizioni e nel modo di funzionamento del governo democratico? Questo è il grosso punto interrogativo. È forse il problema dei problemi, quello che la nuova generazione inglese del dopoguerra, che sarà nel fiore della vita nei prossimi vent'anni, deve risolvere.

Le forze che ci stimolano a pensare alla pianificazione provengono da due fonti diverse. La prima è la forza dell'esempio. Il piano quinquennale russo ha assalito e catturato l'immaginazione del mondo. Questo sogno non può

* *State Planning*, discorso radiofonico del 14-3-1932 [CWK, vol. XXI, pp. 84-92]. Questo discorso suscitò l'interesse di Macmillan, che era tra coloro che in Inghilterra chiedevano energiche misure di programmazione. Si veda la lettera di Macmillan a Keynes del 23-3-1932 [CWK, vol. XXI, p. 93].

essere considerato ancora un successo già conseguito, è troppo presto per dirlo, ma non è neppure il grottesco fallimento che molta gente saggia e piena di esperienza si aspettava. Come reazione al nostro errore, ora siamo molto più propensi, credo, ad esagerare il suo successo che a sottovalutarlo. Noi siamo pronti a dare credito al Bolscevismo perché in realtà ci attraggono l'eccitazione, il fascino ed il mistero, antichissimi ed eterni, non del Comunismo ma della Russia. La Russia, sotto Stalin o Lenin, può essere molto più simile alla Russia sotto Nicola o Alessandro di quanto ambedue possano assomigliare all'Inghilterra o alla Germania o agli Stati Uniti. Inoltre la propaganda ha prodotto, come suo solito, un effetto perverso. Ci hanno insegnato a credere che il Comunismo comportava una distruzione completa della organizzazione umana, perciò, quando abbiamo appreso che dopo enormi sofferenze e un incredibile sforzo nazionale di abnegazione e di volontà un contadino russo è concretamente in grado di costruire un trattore con le ruote che girano e che c'è una grande centrale elettrica a Leningrado, siamo rimasti a bocca aperta per la meraviglia, cadendo nella conclusione opposta che il Comunismo gode di un successo sbalorditivo.

E vi è una seconda forza che proviene dall'esempio: il Fascismo italiano che, nell'affrontare lo stesso problema con una mentalità opposta, sembra aver salvato l'Italia dal caos e stabilito un ragionevole livello di prosperità materiale in un paese povero e sovrappopolato. Pure in questo caso, quando un inglese apprende che un treno italiano ha viaggiato in orario, rimane assai colpito e arriva alla conclusione che il Fascismo ha ottenuto un successo sbalorditivo.

Infatti, con la nostra smisurata arroganza, noi giudichiamo lo straniero con un criterio differente e meno rigoroso. Se i risultati tecnici dell'Austin, della Morris o della Courtauld venissero conseguiti in Russia, se una Rolls Royce fosse costruita a Mosca, se Sir J. Stamp avesse compiuto in Siberia la riorganizzazione della London Midland and Scottish Railway, se il gold standard fosse stato abbandonato con una fiammata di gloria pari alla nostra in qualche capitale fascista, noi certo saremmo rimasti a bocca aperta. Così la nostra smisurata arroganza nazionale, che si aspetta che qui le cose siano fatte da chiunque con efficienza, ma che assume al contrario che in Russia o in Italia non ci possa essere nient'altro che confusione, lusinga gli stranieri quando questi si imbarcano in nuovi esperimenti.

Ciò nonostante cerchiamo di non sminuire questa magnifica attività di sperimentazione o di rifiutarci di trarre da essa un insegnamento. Infatti è cosa notevole e significativa che i due più straordinari movimenti politici dell'età moderna, affrontando il loro compito da poli opposti, morali ed emotivi, si trovino poi d'accordo su un punto vitale: che la pianificazione statale, l'intelligenza e la volontà centralizzata debbano soppiantare l'ammirato disordine del XIX secolo.

Né sono questi esempi le uniche forze che ci spingono in questa direzione. C'è anche il fallimento, in tutto il mondo, dei sistemi economici non pianificati, di quelli nei quali un'intelligente capacità di direzione centrale è minimizzata o rifiutata. Non è in realtà un fallimento in termini relativi; l'Inghilterra o gli Stati Uniti, infatti, con un quarto di popolazione senza occupazione e un terzo degli impianti produttivi inattivo, possono, ciò nonostante, permettersi uno standard di vita almeno due volte più elevato, credo, di quanto possa fare ogni altro stato bolscevico o fascista esistente. Ma si tratta di un fallimento assoluto, in relazione alle loro proprie potenzialità. È su questo che deve soffermarsi la nostra attenzione. Per dimostrare *prima facie* la validità della pianificazione, non c'è bisogno di cercare o scoprire i successi nei regimi pianificati del Sud o dell'Est. È sufficiente comprendere il fallimento, in relazione alle opportunità esistenti, dei regimi non pianificati qui a casa nostra e ad Occidente.

Quali sono, infatti, gli aspetti dell'attuale situazione economica mondiale che più di altri colpiscono l'immaginazione dell'osservatore meno attento? La straordinaria capacità di produrre ricchezza materiale, anche se per distruggerla successivamente, che abbiamo sviluppato durante la guerra e lo spettacolo opposto di questi giorni, in cui vediamo gente affamata in mezzo a tanta abbondanza, la nostra incredibile incapacità di portare alla bocca il nutrimento che abbiamo prodotto con le nostre stesse mani. La guerra è infatti l'esperienza più vicina a un regime pianificato che sia mai stata fatta in questo paese. L'ambiente era sfavorevole, c'era troppa fretta e un certo grado d'improvvisazione fu inevitabile. Ma essa ci ha fatto toccare con mano le potenzialità della moderna tecnica di produzione. D'altro canto è oggi proprio negli Stati Uniti, dove la tradizione nazionale è la più contraria alla nozione di pianificazione e le forme di governo sono le meno adatte ad un'improvvisata gestione dell'economia, che è più evidente il fallimento del sistema economico.

Che mi sia concesso fare un'utile distinzione. Lasciatemi intendere con pianificazione, o economia nazionale, il problema dell'organizzazione *generale* delle risorse, distinguendolo dai problemi *particolari* della produzione e della distribuzione, che sono di pertinenza del tecnico o dell'ingegnere dell'impresa. Ora questi ultimi, sia qui che negli Stati Uniti, hanno realizzato tali miglioramenti tecnici che, se potessimo completamente raccoglierne i frutti, saremmo molto avanti nella risoluzione completa del problema della povertà. Né, secondo il mio giudizio, questo fallimento nel raccogliere e nel godere i frutti di ciò che abbiamo seminato, è un semplice fenomeno legato alla crisi, alla violenta depressione di carattere periodico che c'è in questo momento. È nei tempi di crisi che il paradosso della fame nel mezzo di una potenziale abbondanza è più evidente ed oltraggioso. Ma credo che noi soffriamo di una cronica incapacità a vivere al livello consentitoci dalle nostre possibilità tecniche di produzione di beni materiali.

Il problema della pianificazione nasce per rimediare a questo fallimento. La pianificazione consiste nel fare quelle cose che sono, per loro natura, al di fuori della portata dell'individuo. Trarre frutto dall'intelligenza collettiva, trovare uno spazio nell'ordine economico delle cose per la capacità decisionale centrale, non significa screditare i risultati dello spirito individuale o dell'iniziativa privata. In realtà sono i risultati di questa iniziativa che hanno posto il problema. Quello a cui dobbiamo porre rimedio è il fallimento dell'intelligenza collettiva, non dico a tenere il passo, ma a non rimanere troppo indietro rispetto ai risultati dell'intelligenza individuale. E dobbiamo rimediarvi, se possiamo, senza danneggiare l'energia costruttiva dello spirito individuale e senza ostacolare la libertà e l'indipendenza dei privati. Se l'Inghilterra della futura generazione fosse in grado di risolvere questo problema, e il mio orgoglioso cuore patriottico cova la speranza che le nostre qualità nazionali possano essere le più adatte per portare a termine un simile compito, noi avremmo contribuito, credo, a qualcosa di più prezioso per la civilizzazione di quanto siano in grado di fare i bolscevichi o i fascisti. Non nego comunque che ciascuno di questi movimenti politici possa essere capace di contribuire, nel suo genere, alla dignità della natura umana, la quale trascende il campo specifico e la scala delle operazioni che penso sia propria della pianificazione nazionale, per quanto essa possa essere completa e coronata da successo.

Ho affermato che l'essenza della pianificazione statale consiste nel fare quelle cose che, per la loro specifica natura, sono al di fuori della portata dell'individuo. Essa differisce dal Socialismo e dal Comunismo perché non cerca di estendere i compiti dello Stato a suo proprio vantaggio. Non cerca di prendere il posto dell'individuo nella sfera delle sue proprie competenze o di trasformare il sistema salariale o di abolire il movente del profitto. Il suo oggetto consiste nel tener saldamente in mano i controlli centrali e governarli con saggia preveggenza e, in questo modo, modificare e condizionare l'ambiente nel quale gli individui operano in piena libertà insieme e contro altri individui.

Vi offrirò alcuni esempi scelti sia tra le cose che noi pianifichiamo sia tra quelle che potrebbero, e forse dovrebbero, essere pianificate in futuro. Questi esempi non saranno sempre scelti per la loro intrinseca importanza ma piuttosto con lo scopo di farvi comprendere l'esatta natura del mio pensiero.

La distribuzione del carico fiscale con un occhio ai suoi effetti sull'industria e uno alla distribuzione dei redditi e della ricchezza è un esempio di pianificazione statale. Una scelta tra sgravi sull'imponibile e sgravi sulla tassa sul reddito è, per prendere un esempio specifico, un esercizio nel campo della pianificazione statale. Le tariffe doganali possono essere un illustre esempio di pianificazione.

Così è anche il controllo degli scambi e l'appropriato intervento sul valore della sterlina in relazione alle valute del resto del mondo. Lo stesso discorso si può fare riguardo alla regolazione dei trasporti stradali e ferroviari.

Se vogliamo, invece, degli esempi di settori nei quali ancora non pianifichiamo o lo facciamo in modo inadeguato, una buona esemplificazione può essere fornita dalla programmazione urbanistica e dalla conservazione dell'ambiente naturale, benché esse siano solo di natura semi-economica. Si tratta infatti di casi nei quali è impossibile per l'individuo, anche se lo volesse, intraprendere le iniziative opportune, nel contempo, anche se egli si imbarcasse in tali imprese, non sarebbe assolutamente in grado di raccoglierne i benefici. Ma è un esempio in cui, se fossero adottati ed impiegati forti poteri di direzione centrale, enormi vantaggi potrebbero riversarsi sull'intera comunità sia immediatamente che nel futuro.

Un'accorta pianificazione volta ad influenzare la localizzazione delle industrie è una materia alla quale, entro breve tempo, verrà rivolta probabilmente più attenzione. Al momento assistiamo in questo paese a un trasferimento dell'industria, assai devastante dal punto di vista sociale, dal Nord industriale all'area intorno a Londra, dovuto a più bassi saggi d'interesse e ad altre facilitazioni presenti in questa zona. Ma, se questo processo migratorio continuasse a lungo, il suo effetto, del quale l'individuo non si interessa assolutamente, sarebbe di sciupare enormi somme nella costruzione di case e di opere pubbliche comunali nelle aree più vecchie, somme che potrebbero essere molto grandi se comparate con il costo del trasferimento delle fabbriche.

Influenzare consapevolmente le condizioni e l'ambiente che determinano il tasso di crescita della popolazione, dell'emigrazione e dell'immigrazione è materia della più grande importanza, completamente al di fuori della portata dell'individuo e per la quale qualsiasi iniziativa è di competenza dello Stato.

Ma di questi tempi in ogni parte del mondo la più straordinaria opportunità per la pianificazione statale risiede nell'evitare o nel mitigare la crisi industriale, durante la quale si manifestano dovunque così ampie perdite di potenzialità produttiva. Qui ancora abbiamo un problema che giace completamente al di fuori della sfera individuale. L'individuo è assolutamente indifeso e ciò appare evidente dai numerosi esempi sparsi, in questi giorni, sulla scena mondiale. Non c'è virtualmente nulla che egli possa fare, per quanto ardente sia il suo desiderio e pressante il suo interesse personale. Egli è trascinato via, insieme agli altri, su di un fiume che non può controllare né dirigere. E non c'è nulla che possa arrecare il benché minimo giovamento che non provenga da una concertata azione centrale.

Abbiamo oggi, nella tragica morte di Ivar Kreuger *, un penetrante esempio delle condizioni di carenza di assistenza nelle quali versa un qualsiasi individuo, pur se potente e geniale. Kreuger era negli affari forse la più elevata intelligenza pratica della sua epoca, un uomo le cui estese attività erano state condotte, nel senso più ampio, nell'interesse della comunità. Nel caos in cui il mondo è caduto dopo la guerra, egli aveva concepito come sua missione quella di fornire un canale tra i paesi dove le risorse erano in surplus e quelli dove esse erano disperatamente richieste. Egli era un imprenditore che aveva costruito le proprie iniziative su solide fondamenta e che si era circondato delle difese umanamente concepibili in tali circostanze. Ha sofferto di ciò che l'ignorante può scambiare per il destino di un comune giocatore d'azzardo, ma che, in verità, deriva dall'essersi trovato schiacciato tra gli *icebergs* di un mondo che si è congelato e che nessun individuo può sciogliere e restituire al calore della vita normale. Lo spettacolo dei capitalisti che lottano per diventare

* Industriale svedese la cui impresa, Kreuger and Toll, controllava circa il 90% della produzione e della vendita dei fiammiferi su scala mondiale. In seguito a difficoltà finanziarie si uccise a Parigi nel '32. Dopo la sua morte vennero alla luce molte irregolarità nelle operazioni finanziarie da lui compiute: Keynes comunque lo stimava e attribuì il suo suicidio al cinismo dei banchieri americani. Come disse in una lettera a J. W. Hills: « Non c'è nulla che assomigli alla bestialità crudele e cinica dei banchieri americani » [CWK, vol. XXI, p. 93].

liquidi, come si dice con espressione cortese, spingendo i loro amici e colleghi nella fredda corrente per essere spinti a loro volta alle spalle da qualche altro compagno più cauto, non è uno spettacolo edificante.

Secondo la mia opinione, e qui esprimo un punto di vista che è soltanto personale anche se molti stanno cominciando a condividerlo, la pianificazione statale diretta al mantenimento del livello ottimale della produzione industriale e dell'attività economica e all'abolizione della disoccupazione, è il più importante e, al tempo stesso, il più difficile compito che abbiamo davanti a noi. Questo ci porterà, credo, a politiche creditizie ideate con maggiore attenzione e assai più ambiziose, a prender grande cura del livello appropriato del saggio d'interesse e, in generale, a tentare il controllo del tasso al quale si incoraggia e si facilita la realizzazione di nuovi investimenti. Si era soliti credere che il livello dell'interesse e il saggio degli investimenti fossero in grado di autoregolarsi e non avessero bisogno di alcun intervento o azione programmatrice; ed inoltre che tutto sarebbe andato per il meglio se si lasciava alle forze naturali l'individuazione e la determinazione dell'armonia interna. Ma tale opinione non quadra con l'esperienza. Come avevo cominciato a dire, è il fallimento del mondo industriale non pianificato dell'Europa occidentale e dell'America, nel cercare di ottenere i migliori benefici e nel raccogliere i frutti della genialità dei suoi scienziati, ingegneri e imprenditori, è questo fallimento che sta inducendo molte persone a considerare senza pregiudizio quei progetti sperimentali di ampia portata, avanzati dalle menti più positive del mondo del dopoguerra, che vanno propriamente sotto il nome di pianificazione.

Mi sto avvicinando alla fine del mio discorso. Ma voglio sottoporre alla vostra attenzione un aspetto di questo problema che ci rende perplessi e sul quale le opinioni sono discordi. Potrebbe essere auspicabile una maggiore audacia ed ambizione nello scegliere i campi che vogliamo far rientrare all'interno delle competenze della pianificazione statale. È però praticabile questo in una comunità democratica? Soffrire degli affronti alla libertà individuale che sembrano essere inseparabili da uno Stato bolscevico e fascista, non è forse il prezzo necessario per godere dei benefici della pianificazione? Per mio conto non vedo perché ci debba essere tale necessità. Almeno mi piacerebbe tentare di verificare se non sia possibile godere i vantaggi di entrambi i mondi. È ovvio che il compito della pianificazione per molti aspetti dovrebbe essere più facile per un'amministrazione autocratica che per una che dipende da istituzioni parlamentari e che trova alimento nel favore popolare. D'altro canto il regime autocratico è inferiore in due importanti aspetti: perde la consapevolezza che occorre assicurarsi il consenso, che è una delle principali arti di governo e, in effetti, della condotta di tutti gli affari, sia su larga che su piccola scala; ed, eccetto che nei primi anni, quando governa chi si è riuscito ad aprire una via al potere, tutte le esperienze mostrano che esso presto perde la capacità di selezionare e di utilizzare i talenti migliori e più disinteressati.

Inoltre, rinnovare l'amministrazione ed ampliarla con nuovi organismi, dovrebbe dimostrarsi compatibile con un governo democratico e parlamentare. Far questo è indispensabile, che si estendano o no le attuali funzioni dello Stato. La pianificazione, come io la concepisco, non dovrebbe essere amministrata o controllata in dettaglio da corpi eletti democraticamente. Questi ultimi dovrebbero essere i giudici, non di prima, ma di ultima istanza, forze di riserva in grado di effettuare un cambiamento quando siano stati compiuti grossi errori. I compiti di tutti i giorni della pianificazione dovrebbero essere svolti nello stesso modo e con gli stessi strumenti amministrativi sia sotto un governo democratico che autocratico. Io ho in mente niente più che un passo ulteriore, e forse più consapevole, lungo lo stesso sentiero che stiamo già percorrendo.

Ad ogni modo non è improbabile che è lungo tali linee che verranno tentati degli esperimenti, non oggi forse ma nel futuro, con l'obiettivo di risolvere i problemi economici del mondo moderno. Potrà così accadere che gli altri paesi possano in futuro godere della rara opportunità di vedere tre esperimenti portati avanti simultaneamente che, in apparenza, sono molto diversi ma che, in effetti, sono diretti alla soluzione dello stesso fondamentale problema: il piano quinquennale in Russia, lo Stato corporativo in Italia e la pianificazione statale, condotta da enti pubblici e sottoposta al controllo della democrazia, in Gran Bretagna. E come amanti della nostra specie, speriamo che tutti abbiano successo.

I MEZZI PER RAGGIUNGERE IL BENESSERE ECONOMICO *

1. Natura del problema

Se la nostra povertà fosse dovuta ad una carestia, ad un terremoto o ad una guerra, se ci mancassero beni essenziali e le risorse per produrli, non potremmo aspettarci di trovare i mezzi per raggiungere il benessere se non nel duro lavoro, nell'astinenza, e nell'inventiva. In realtà i nostri guai sono notoriamente di altro genere. Essi provengono da qualche guasto nei meccanismi impalpabili della mente, nel funzionamento delle motivazioni che dovrebbero portare alle decisioni e agli atti della volontà, indispensabili per mettere in moto le risorse e i mezzi tecnici da noi già posseduti. È come se due automobilisti, incrociandosi nel mezzo di una strada principale, fossero incapaci a decidersi su come passare perché nessuno conosce il codice stradale. I loro muscoli non gli sono di alcuna utilità, un meccanico non potrebbe aiutarli, una strada migliore non servirebbe. Nulla è richiesto e nulla sarà di aiuto se non un piccolo chiaro ragionamento.

Così anche il nostro non è un problema di muscoli e di resistenza. Non è un problema ingegneristico o agricolo, e neppure è un problema di affari, se intendiamo con affari

* *The Means to Prosperity*, pubblicato prima dal « Times » nel marzo del '33 e poi in forma di pamphlet. Fu pubblicato inoltre negli Stati Uniti in una versione ampliata (che è quella qui tradotta) che comprendeva un'analisi più particolareggiata del moltiplicatore [CWK, vol. IX, pp. 335-59]. Lo stesso direttore del « Times » si fece premura di far avere una copia di questo scritto al neoeletto presidente degli Stati Uniti, Roosevelt.

quei calcoli, disposizioni e atti organizzativi con i quali l'imprenditore individuale può migliorare la sua posizione. Né, d'altra parte, è un problema di tecnica bancaria, se intendiamo con questa espressione quei principi e metodi razionali con i quali si incoraggiano relazioni stabili e si evitano iniziative sfortunate. Al contrario è, in senso stretto, un problema economico o meglio, visto che si presenta come una miscela di teoria economica e di arte di governo, un problema di economia politica.

Ho richiamato l'attenzione sull'essenza del problema perché questa ci indica la natura del rimedio. Conviene in questo caso che il rimedio sia trovato in quello che può essere chiamato in modo appropriato un *espediente*. Ma ci sono molti che vedono con sospetto gli espedienti e dubitano istintivamente della loro efficacia. Vi è ancora gente che crede che la via di uscita possa solo essere trovata con il duro lavoro, la pazienza, la frugalità, più perfezionati metodi negli affari, una attività bancaria più cauta e soprattutto evitando espedienti. Ma temo che gli autocarri di queste persone non riusciranno mai a passare. Essi possono rimanere alzati tutta la notte, ingaggiare autisti più sobri, istallare nuovi motori e allargare la strada; ma non riusciranno mai a passare a meno che non si fermino a riflettere e trovino, assieme al guidatore proveniente dalla direzione opposta, un espediente grazie al quale ciascuno si muove simultaneamente un po' più sulla sua sinistra.

Quello che dovremmo trovare paradossale è la situazione attuale. Non vi è nulla di assurdo invece, nell'idea che alcuni aggiustamenti immateriali, alcuni cambiamenti per così dire « sulla carta », possano fare miracoli. Il paradosso deve essere trovato nei 250.000 edili disoccupati in Gran Bretagna, nel momento in cui le case sono la nostra maggiore necessità materiale. Dovremmo istintivamente dubitare di chi ci dice che, con una sana finanza e buon senso politico, non c'è modo di portare gli uni a lavorare per le altre. Dovremmo essere sospettosi dei calcoli dell'uomo di Stato che, già oberato dalle spese per l'assistenza ai disoccupati, ci dice che se egli mettesse a lavoro le persone per costruire case ciò comporterebbe pesanti passività, presenti e future; è sul suo equilibrio mentale che invece ci dobbiamo interrogare, quando egli ritiene che è più razionale e utile aumentare la *ricchezza nazionale per tenere* disoccupati i lavoratori del settore della cantieristica navale piuttosto che spendere una frazione del loro costo di mantenimento per metterli a costruire una delle più grandi opere umane.

Quando, al contrario, nei capitoli seguenti dimostro con una certa accuratezza che creare ricchezza aumenterà il reddito nazionale, che una larga parte di tutti gli aumenti di quest'ultimo andrà al ministero delle Finanze e del Tesoro *tra le cui maggiori spese ci sono i pagamenti* per i sussidi ai disoccupati e le cui entrate sono proporzionali ai redditi degli occupati, spero che il lettore, si ritenga o no competente a criticare in dettaglio il ragionamento, capirà che la risposta è proprio quella che ci si dovrebbe attendere: che essa è in accordo con i suggerimenti istintivi del suo senso comune. Né dovrebbe sembrare strana l'idea che la tassazione può essere così alta da vanificare il suo stesso obiettivo e che, *dato un sufficiente tempo per raccoglierne i frutti*, una riduzione della pressione fiscale condurrà a una sorte migliore di quanto possa accadere con un bilancio dello Stato più equilibrato. Infatti, accettare oggi l'opinione opposta significa ragionare come quell'industriale che, avendo delle perdite, decide di aumentare i prezzi dei suoi prodotti e, quando la conseguente diminuzione delle vendite peggiora ancora la situazione, nascondendosi dietro il rigore di uno schema aritmetico, decide che *la prudenza esige da lui un* ulteriore aumento dei prezzi; alla fine, quando riesce a riequilibrare il bilancio, azzerando sia le entrate che le uscite, viene ancora trovato a dichiarare virtuosamente che ridurre il prezzo, quando si stavano avendo delle perdite, sarebbe stato proprio di un giocatore d'azzardo.

Ad ogni modo, il tempo sembra rendere matura una riconsiderazione delle possibilità d'azione. Con questa convinzione riesaminerò i vantaggi di una *politica attiva, cominciando* con le faccende interne della Gran Bretagna e passando poi alle opportunità offerte dalla Conferenza internazionale. Nonostante il suo ritardo questa Conferenza può giungere al momento opportuno. Infatti arriverà quando una amara esperienza avrà reso le nazioni che vi partecipano più inclini a prendere in considerazione un piano d'azione. Il mondo è sempre meno disposto ad « aspettarsi un miracolo », a credere cioè che le cose si rimetteranno a posto da sole, senza alcuna nostra iniziativa.

2. L'espansione interna

La riluttanza ad appoggiare piani di sviluppo del capitale nazionale allo scopo di restaurare il benessere si basa in genere su due elementi: la scarsezza di occupazione creata dall'investimento di una data somma e la pressione sui bilanci dello Stato centrale e degli enti locali causata dai sussidi richiesti di solito da tali politiche. Questi sono problemi di natura quantitativa ai quali non è facile dare una risposta precisa. Ma tenterò di fornirvi le ragioni per le quali credo che la risposta a entrambi questi quesiti sia molto più favorevole di quanto si supponga.

Si dice spesso che in Gran Bretagna occupare una persona per un anno facendola lavorare in opere pubbliche costi 500 sterline. Questo calcolo si basa sull'ammontare di lavoro occupato direttamente. Ma è facile vedere che anche i materiali usati e i trasporti richiesti comporteranno una maggiore occupazione. Se noi teniamo conto di ciò nel modo opportuno, la spesa per ogni persona addizionale occupata all'anno, è di solito stimata, ad esempio nell'edilizia, a 200 sterline.

Ma se la nuova spesa è addizionale, e non semplicemente sostitutiva di altre spese, l'aumento di occupazione non si ferma lì. I salari addizionali e gli altri redditi pagati vengono impiegati in acquisti addizionali che a loro volta comportano ulteriore occupazione. Se le risorse di un paese fossero già completamente impiegate, questi acquisti si rifletterebbero principalmente in più alti prezzi ed in maggiori importazioni. Ma nelle attuali circostanze ciò sarebbe vero solo per una piccola percentuale di consumo addizionale, giacché la gran parte di esso potrebbe essere fornita, senza grosse variazioni dei prezzi, da risorse interne che al momento non sono utilizzate. Inoltre, per quanto l'accresciuta domanda di generi alimentari, derivante dal maggiore potere di acquisto della classe operaia, possa produrre un aumento sia dei prezzi che delle vendite dei beni primari, all'interno e all'estero, dovremmo oggi sicuramente dargli il benvenuto. È molto meglio alzare il prezzo dei prodotti agricoli incrementando la loro domanda piuttosto che restringendo artificialmente la loro offerta.

Ma non sono questi gli unici effetti di tale manovra. I nuovi occupati che lavoreranno per produrre la quantità aggiuntiva di beni acquistati da coloro che sono stati impiegati nelle nuove opere pubbliche, spenderanno a loro volta di più, determinando l'occupazione di altri e così via. Alcuni entusiasti, rendendosi conto di questo processo, hanno molto esagerato il suo risultato finale, supponendo che l'ammontare di nuova occupazione così creata sia limitata soltanto dai necessari intervalli tra gli incassi dovuti alla spesa del reddito, in altre parole dalla velocità di circolazione della moneta. Sfortunatamente le cose non stanno così. Infatti in ciascuna fase si verifica, per così dire, una certa dispersione. In ogni fase una certa proporzione dell'incremento di reddito non si tramuta in aumento di occupazione. Una parte sarà risparmiata da chi lo riceve, un'altra provocherà un aumento dei prezzi riducendo altrove il consumo, a meno che i produttori non spendano gli extraprofitti realizzati in questo modo; una parte verrà spesa in importazioni, un'altra costituirà una semplice sostituzione di spese fatte precedentemente con il sussidio di disoccupazione, con la carità di privati o con risparmi personali e una parte infine affluirà al Tesoro, senza alleggerire il carico fiscale del contribuente di un pari ammontare. Così, per poter valutare l'effetto netto sull'occupazione di questa serie di ripercussioni è necessario fare assunzioni ragionevoli rispetto alla percentuale di dispersione in ciascuno di questi modi possibili. Rimanderei coloro che sono interessati alla tecnica di calcolo di queste dispersioni all'articolo di R. F. Kahn pubblicato nell'Economic Journal nel giugno del 1931.

È ovvio che le assunzioni più realistiche variano molto a seconda delle circostanze. Se vi fosse poco o nessun margine disponibile di risorse inutilizzate allora, come ho sottolineato, l'aumento di spesa si disperderebbe in prezzi più alti e in maggiori importazioni (che è, in realtà, una caratteristica usuale delle ultime fasi di un boom in nuove costruzioni). Se il sussidio di disoccupazione fosse così elevato come il salario di un lavoratore e fosse pagato con denaro preso a prestito, allora difficilmente ci sarebbe una qualsiasi ripercussione. D'altra parte, giacché i sussidi di disoccupazione sono al momento finanziati dagli introiti fiscali e non da somme prese in prestito (cosicché ci si può attendere che una riduzione di questi sussidi aumenti il potere di spesa del contribuente), noi non dobbiamo più fare alcuna significativa detrazione per questa voce. Consideriamo in dettaglio quale probabilmente sarà, nelle attuali condizioni, il risultato netto.

Chiamiamo l'ammontare lordo di spesa, generata da un indebitamento addizionale, la *spesa primaria* e l'occupazione creata direttamente da questa spesa l'*occupazione primaria.* Ho stimato sopra, basandomi su fonti non mie — e nessuno ha messo del resto in dubbio la ragionevole accuratezza di queste stime almeno come indicazione di massima dell'ordine di grandezza — che 200 sterline di spesa primaria garantiranno l'occupazione primaria di una persona per un anno. Non farà alcuna differenza, per il ragionamento successivo, se la causa dell'indebitamento sia costituita da lavori pubblici o da iniziativa privata o da alleggerimenti del carico fiscale. Questa spesa primaria, in ognuno di questi casi, provoca una serie di ripercussioni che portano a quella che possiamo chiamare convenientemente *occupazione secondaria.* Il nostro problema consiste nell'accertare l'occupazione totale, primaria e secondaria insieme, creata da un dato ammontare di spesa finanziata da denaro preso in prestito, cioè stimare il moltiplicatore che mette in relazione l'occupazione totale con quella primaria.

La spesa primaria di 100 sterline addizionali, ottenute indebitandosi, può essere divisa in due parti. La prima parte è denaro che, per una ragione o per l'altra, non diventa reddito addizionale nelle mani del cittadino inglese (o americano, se applichiamo il ragionamento agli Stati Uniti). Questa parte è soprattutto composta da 1) le importazioni derivanti da tale spesa, 2) i beni che non sono prodotti *ex novo* ma semplicemente trasferiti, come la terra o i beni presi da scorte non rimpiazzate, 3) le risorse produttive umane e materiali che non sono occupate in aggiunta ma semplicemente sottratte ad altri impieghi, 4) i salari che sostituiscono il reddito distribuito precedentemente attraverso i fondi presi in prestito per il sussidio di disoccupazione. La seconda parte, che costituisce il denaro che diventa reddito addizionale nelle mani del cittadino inglese, deve essere a sua volta suddiviso in due parti, a seconda che sia risparmiato oppure speso (si intende qui tutta la spesa diretta addizionale di colui che riceve un reddito, compresa la spesa rivolta alla produzione di beni durevoli).

Per ottenere il moltiplicatore dobbiamo semplicemente stimare queste due percentuali, cioè quale proporzione di una ipotetica spesa diventa reddito addizionale e quale proporzione di tale reddito viene a sua volta spesa. Infatti queste due percentuali, moltiplicate, ci danno il rapporto tra la prima ripercussione e l'impulso iniziale, cioè tra il secondo e il primo flusso di spesa. Possiamo così sommare tutta la serie di ripercussioni poiché ci si può attendere che la seconda ripercussione stia alla prima come quest'ultima sta alla spesa primaria, e così via.

Il ragionamento in astratto può essere illustrato come segue. Due anni fa, quando in Gran Bretagna il sussidio di disoccupazione veniva finanziato con denaro preso in prestito, questo fatto richiedeva una considerevole deduzione, che ora non è più necessaria, nel calcolare la proporzione di spesa che diventa reddito addizionale. Fra due anni, se *l'occupazione sarà molto cresciuta* rispetto ad oggi, potrà essere necessaria una sostanziale deduzione per tener conto delle risorse che saranno semplicemente sottratte ad altri impieghi: infatti minore è la quantità totale di risorse inutilizzate, più probabile è che si verifichi questo risultato in seguito ad un aumento di spesa. Non sono disposto a operare molte deduzioni per i beni che provengono dalle scorte perché è raro che queste siano effettivamente ampie e ai primi cenni di esaurimento vengono presto ricostituite. *Nelle attuali condizioni*, perciò, dovrei dire che una deduzione del 30% per le spese che, per le più svariate ragioni, non aumentano i redditi, dovrebbe essere una ragionevole ipotesi, lasciando così che il 70% della spesa raggiunga una persona o l'altra sotto forma di reddito corrente.

Quale proporzione di questo reddito addizionale si trasformerà in spesa addizionale? Per la parte che va ai salariati, si può assumere con sicurezza che il grosso di essa verrà speso; per la parte che va ai profitti, agli stipendi e ai redditi dei professionisti, la proporzione risparmiata sarà più ampia. Possiamo stimare una media approssimativa. Nelle circostanze attuali, possiamo assumere che almeno il 70% dell'aumento di reddito sarà speso e non più del 30% risparmiato.

Basandosi su queste assunzioni, l'entità della prima ripercussione sarà il 49% (giacché 7 x 7 = 49) dell'impulso primario o, diciamo, la metà; la seconda ripercussione sarà la metà della prima, cioè un quarto dell'impulso primario, e così via. Così il moltiplicatore è 2 poiché, se il lettore torna indietro ai suoi giorni scolastici, egli ricorderà che $1+1/2+1/4+...=2$. La quantità di tempo, che è richiesta affinché il reddito corrente venga speso, separerà ciascuna ripercussione dalla successiva. Ma si vedrà che i sette ottavi dell'effetto totale della spesa primaria si realizzano con le prime due ripercussioni cosicché i ritardi temporali che questo processo comporta non sono eccessivi.

Bisogna notare che non occorre tenere in particolare considerazione l'aumento dei prezzi che l'incremento della domanda comporta. L'effetto di prezzi più elevati sarà quello di diminuire gradualmente la proporzione di spesa che si trasforma in nuovo reddito, giacché questo sarà probabilmente un sintomo che le risorse eccedenti non sono più sufficienti in alcuni comparti, con il risultato che una proporzione più ampia di nuova spesa è semplicemente distolta da altri impieghi. È anche probabile che maggiori prezzi significheranno anche profitti più elevati, con il risultato che, al crescere della parte di reddito addizionale che va ai profitti e al diminuire di quella che va ai salari, si risparmierà di più. Così, mano a mano che le persone vengono gradualmente rioccupate e i prezzi aumentano, il moltiplicatore a poco a poco diminuirà. Inoltre, fin tanto che i salari aumentano, è ovvio che anche l'ammontare di occupazione corrispondente a una data spesa in salari gradualmente diminuirà. Comunque, questi cambiamenti diventeranno rilevanti solo quando il nostro rimedio comincerà ad avere successo. Per diverse ragioni una data dose di spesa, nella fase attuale, produrrà un effetto molto più ampio sull'occupazione di quanto possiamo ragionevolmente attenderci fra un po' di tempo, quando si sarà ridotto il margine di risorse inutilizzate.

Per illustrare il campo di variazione delle possibili stime del moltiplicatore, consideriamo l'effetto di differenti assunzioni. Se ipotizzassimo che ciascuna delle proporzioni considerate è del 60%, il moltiplicatore ammonterebbe a circa 1,5, che potrebbe essere considerato il limite inferiore, perché sembra assai improbabile che oggi entrambe queste percentuali possono essere così basse. Se, al contrario, ci dovessimo attendere che la proporzione della spesa primaria che diventa reddito e la percentuale di reddito che viene spesa siano ciascuna l'80%, il moltiplicatore diventa circa 3 (come quei lettori che non sono digiuni di aritmetica verificheranno facilmente). Credo da parte mia che dobbiamo essere cauti soprattutto quando stimiamo la proporzione di spesa che diventa reddito addizionale; le stime, che sarei disposto a fare, dovrebbero essere basate sull'assunzione che non meno del 66% di spesa addizionale (sia in nuovi beni capitali che in consumo addizionale) divenga reddito aggiuntivo nelle mani del cittadino inglese e che non meno del 75% di questo reddito addizionale sia speso; sarei inoltre più propenso a portare ad 80% l'ultima proporzione che la prima a 70%. Nelle pagine seguenti baserò le mie stime su questi dati, che comportano un moltiplicatore di 2. Potrebbe interessare ai lettori americani considerare quali assunzioni sarebbero le più appropriate all'attuale situazione degli Stati Uniti. Personalmente mi aspetterei che il moltiplicatore americano sia maggiore di 2 piuttosto che inferiore.

3. Il miglioramento del bilancio statale

In base alle ipotesi che mi sono sforzato di argomentare nel capitolo precedente, una spesa primaria di 100 sterline aumenterà direttamente i redditi inglesi per due terzi del suo ammontare, cioè di 66 sterline. Ma l'aumento complessivo dei redditi, considerando gli effetti secondari sarà 66(1+2/3+4/9+...), cioè 200 sterline. Al fine di stabilire con certezza lo sgravio totale per il bilancio statale che in questo modo si realizza, dobbiamo stimare da prima il risparmio sui contributi per i disoccupati e poi l'aumento del gettito fiscale derivante dalle tasse riscosse sul reddito addizionale.

Non tutto il reddito aggiuntivo finisce in mano a persone che in precedenza godevano dei sussidi di disoccupazione. Una parte va ai profitti, un'altra alle classi impiegatizie e professionali e una parte ai salari dei nuovi lavoratori occupati che non ricevevano precedentemente sussidi, perché già parzialmente occupati o per altre ragioni.

Ritengo comunque che sarebbe ragionevole assumere che due terzi dell'aumento iniziale del reddito, cioè 44 sterline, vada a persone che godevano in precedenza di sussidi di disoccupazione; la qual cosa significa un aumento di occupazione di 4 mesi, se si prende un salario medio di 50 scellini a settimana.

Poiché, sulla base delle nostre ipotesi, il 75% dell'aumento del reddito di 66 sterline, generato dalla spesa primaria di 100 sterline, sarà speso e il 66% di questa spesa secondaria servirà di nuovo ad aumentare il reddito e così via, ne segue che la nostra spesa primaria di 100 sterline prima o poi ci consentirà di occupare per circa 8 mesi un lavoratore che si affidava prima ai sussidi. Allo stesso tempo, come abbiamo visto, l'aumento totale dei redditi che questa spesa genererà sarà di 200 sterline. Se, comunque, il lettore considera più plausibile qualche altra serie di dati, qui gli ho fornito un apparato che lo metterà in grado di ricavarsi la risposta basandosi sulle proprie assunzioni.

Siamo ora pronti a stimare lo sgravio complessivo per il bilancio dello Stato. Ai fini di un calcolo di massima, il costo medio di una persona che grava sui sussidi di disoccupazione è di solito considerato di 50 sterline l'anno [1]. Ne deriva che una spesa, finanziata con un prestito, di 100 ster-

[1] Questo è un dato prudente per quanto riguarda i lavoratori maschi adulti. Nel 1932 la media complessiva, comprendente i giovani e le donne, era 48,3 sterline (cioè 44,2 sterline come costo annuale medio di una persona disoccupata *più* 4,1 sterline di contributi annuali medi dei datori di lavoro e dei lavoratori per ogni persona occupata).

line, col consentire l'occupazione per 8 mesi di un lavoratore, in precedenza assistito da sussidi, riduce il costo dell'assistenza per la disoccupazione di 33 sterline.

Ma vi è un ulteriore beneficio per il bilancio, dovuto al fatto che la nostra spesa di 100 sterline aumenta il reddito nazionale di 200 sterline. Infatti le entrate fiscali aumentano e diminuiscono più o meno in proporzione al reddito nazionale. Le nostre difficoltà di bilancio sono oggi principalmente dovute al declino del reddito nazionale. Ora, per la nazione nel suo insieme, lasciando da parte gli scambi con l'estero, il reddito è esattamente uguale alla spesa (includendo nella spesa sia quella per consumi che per nuovi beni capitali, ma escludendo gli scambi intermedi tra una persona e l'altra): essendo questi due nomi diversi della stessa cosa, giacché la mia spesa è il vostro reddito.

Mediamente circa il 20% del reddito nazionale è versato in tasse al ministero delle Finanze e del Tesoro. L'esatta proporzione dipende da come il nuovo reddito si distribuisce tra le più elevate classi di reddito, soggette a tassazione diretta, e le più basse che sono raggiunte dalla tassazione indiretta; inoltre i proventi di alcune tasse non sono strettamente correlati alle variazioni del reddito nazionale. Per tener conto di questi elementi di incertezza, consideriamo una proporzione del nuovo reddito, che affluisce al ministero delle Finanze e del Tesoro, intorno al 10%, cioè 20 sterline di nuove entrate da 200 sterline di aumento di reddito. Ci sarà, è vero, un ritardo temporale nella raccolta di questo nuovo introito, ma non dobbiamo preoccuparcene; benché questa sia un'argomentazione assai efficace in favore di proposte per modificare la rigidità del nostro bilancio annuale e per fare in modo che le nostre stime, in questo caso, coprano un periodo più lungo di quello di un anno. A causa del ritardo temporale col quale una maggiore tassazione provoca la riduzione del reddito nazionale, le nostre attuali procedure nel preparare il bilancio si prestano alla seria obiezione che le misure che porteranno in equilibrio questo bilancio sono calcolate per squilibrare il successivo e viceversa.

Così il beneficio totale per il ministero delle Finanze e del Tesoro di una spesa addizionale di 100 sterline è almeno di 33 *più* 20,53 sterline cioè, complessivamente, poco più della metà della spesa. Non c'è nulla di paradossale in questo. Ormai una considerevole proporzione di ogni declino del reddito nazionale si scarica sul ministero delle Finanze e del Tesoro attraverso l'agenzia per i sussidi di disoccupazione e il declino delle entrate tributarie. È naturale perciò che il beneficio di misure atte ad aumentare il reddito nazionale ricada, in larga parte, sul ministero suddetto.

Se applichiamo questo ragionamento ai progetti di spesa che ricevono oggi il sostegno di settori influenti, vediamo che è un grossolano errore credere che *le politiche per aumentare* l'occupazione e quelle per portare il bilancio in equilibrio siano incompatibili: credere cioè che dovremmo procedere lentamente e con cautela con le prime per timore di danneggiare le seconde. È vero piuttosto il contrario. Non c'è possibilità di equilibrare il bilancio eccetto che con l'aumentare il reddito nazionale, che corrisponde in gran parte ad *un incremento dell'occupazione.*

Si prenda, ad esempio, la proposta di spendere 7 milioni di sterline per il nuovo Cunarder *. A mio parere ne deriverà un beneficio al ministero delle Finanze e del Tesoro per almeno la metà di questa somma, cioè 3,5 milioni: molto più del massimo sostegno che viene richiesto al ministero.

Oppure si prenda la spesa di 100 milioni per l'edilizia abitativa sia per ricostruire i bassifondi che sotto gli auspici di un National Housing Board; ciò dovrebbe sollevare il bilancio per il totale assai consistente di circa 50 milioni: una somma che eccede di gran lunga ogni necessario sussidio. Se a questo punto il lettore trasecola ed ha la sensazione che ciò sia troppo bello per essere vero, che ripercorra attentamente il ragionamento che lo ha condotto fin qui. E se egli non si fida del proprio giudizio, lasciatemi rilevare che non è stato ancora compiuto alcun serio tentativo di confutare le basi di questo ragionamento quando lo ho esposto per la prima volta *coram pubblico* ** nell'arena del «Times».

* Nuovo tipo di nave utilizzata per i collegamenti transoceanici con gli Stati Uniti.

** Così nel testo originale.

La sostanza del medesimo ragionamento si applica anche ad *uno sgravio fiscale ottenuto tramite* la sospensione del fondo di ammortamento e il ritorno alla pratica di finanziare con prestiti alcuni servizi, come il costo di nuove strade a carico del Road Fund o quella parte del costo dei sussidi di disoccupazione che potremmo compensare quando avremo nel futuro, si spera, giorni migliori. Infatti l'aumento del potere d'acquisto del contribuente avrà precisamente le stesse ripercussioni favorevoli di un aumento del potere d'acquisto dovuto ad una spesa finanziata con debiti: per certi versi, inoltre, questo modo di incrementare la spesa è più utile e diffuso in modo più uniforme su tutta la comunità. Se il Cancelliere dello Scacchiere riducesse le tasse di 50 milioni di sterline sospendendo il fondo di ammortamento e prendendo in prestito denaro in quei casi per i quali in passato ritenevamo ragionevole indebitarsi, la metà di quanto ha condonato in effetti ritornerà a lui grazie ai risparmi in sussidi di disoccupazione e ai più elevati introiti per un dato livello di tassazione: benché, come ho detto in precedenza, non necessariamente recupererà queste somme durante lo stesso bilancio.

Dovrei aggiungere che questo particolare ragionamento non si applica a sgravi fiscali bilanciati da un'equivalente riduzione di spesa governativa (una diminuzione, ad esempio, *degli stipendi degli insegnanti scolastici) giacché* questo rappresenterebbe una redistribuzione e non un aumento netto della capacità di spesa nazionale. Il ragionamento si applica invece a tutta la spesa *addizionale*, e non sostitutiva di altre spese, realizzate con risparmi o con denaro preso in prestito, da parte di privati o dello Stato, sia per investimenti in beni capitali che per consumi, resi possibili da sgravi fiscali o in qualche altro modo.

Se queste conclusioni sono irrefutabili, non sarebbe meglio cominciare ad agire in questa direzione? La politica opposta, che mira a portare il bilancio in pareggio con imposizioni fiscali, restrizioni e precauzioni varie, fallirà di sicuro, giacché comporterà necessariamente la diminuzione del potere d'acquisto nazionale e, da qui, del reddito.

Il ragionamento vale, naturalmente in entrambi i versi. Proprio come l'effetto di un aumento di spesa primaria, rispetto all'occupazione, al reddito nazionale e al bilancio, viene moltiplicato nel modo descritto, così accade anche per l'effetto di una diminuzione di spesa primaria. In realtà, se non fosse così, sarebbe difficile spiegarsi la violenza della recessione sia qui che, soprattutto, negli Stati Uniti. Proprio come un impulso iniziale di dimensioni modeste è stato capace di produrre tali devastanti ripercussioni, così anche un moderato impulso in direzione opposta comporterà una sorprendente ripresa. Non vi è qui alcuna magia né mistero: si tratta invece di un'attendibile predizione scientifica.

Perché questo genere di approccio appare a tanti così nuovo, bizzarro e paradossale? L'unica risposta che so trovare è che tutte le nostre idee di economia, istillate in noi dall'educazione, l'ambiente e la tradizione sono, che ne siamo consapevoli o no, imbevute di presupposti teorici applicabili propriamente solo ad una società in equilibrio, con tutte le sue risorse produttive già impiegate. Molta gente sta cercando di risolvere il problema della disoccupazione con una teoria che si basa sull'assunzione che non vi sia disoccupazione. È ovvio che se le risorse produttive della nazione fossero già completamente occupate, non ci si potrebbe attendere, nelle attuali circostanze, nessuno dei vantaggi che prevedo da un aumento di spesa finanziato con denaro preso a prestito. Infatti, in questo caso, un aumento di spesa si esaurirebbe semplicemente nel rialzo di prezzi e salari e nel sottrarre risorse ad altri impieghi. In altre parole, sarebbe semplicemente inflazionistico. Ma queste idee, perfettamente valide nel giusto scenario, sono inapplicabili nelle attuali circostanze, che possono essere affrontate solo con il metodo meno familiare che mi sono sforzato di spiegare.

4. L'aumento dei prezzi

Il governo inglese e i rappresentanti dei vari paesi dell'impero, riuniti ad Ottawa, hanno dichiarato esplicitamente di voler aumentare i prezzi. Come dobbiamo realizzare tale manovra?

A giudicare dalle cose dette dal Cancelliere dello Scacchiere, egli è stato attratto dall'idea di elevare i prezzi delle merci restringendo la loro offerta. Ora, può giovare ai produttori di qualche bene particolare associarsi per ridurre la produzione di esso. Nello stesso modo può giovare ad una specifica nazione, benché ciò avvenga a spese del resto del mondo, restringere l'offerta di una merce di cui essa ha il controllo. Può perfino, anche se assai di rado, giovare al mondo nel suo insieme organizzare la restrizione della produzione di una particolare merce, l'offerta della quale sia seriamente squilibrata rispetto all'offerta di altri beni. Ma come rimedio generale la restrizione è più negativa che inutile. Per la comunità nel suo insieme, essa riduce la domanda, facendo diminuire il reddito di quei produttori soggetti a pratiche restrittive, tanto quanto riduce l'offerta. Così, invece di essere un mezzo per diminuire la disoccupazione è piuttosto un metodo per distribuirla più uniformemente, a costo di farla aumentare leggermente.

Allora, come dobbiamo aumentare i prezzi? Può essere utile un ragionamento schematico che proceda con una serie di proposizioni assai semplici ma fondamentali.

1) Non c'è nessun mezzo per aumentare i prezzi delle merci nel loro insieme se non attraverso un incremento del consumo più rapido della crescita dell'offerta sul mercato.

2) La spesa può essere aumentata solo se il pubblico spende una proporzione più ampia del reddito che già possiede o se il suo potere d'acquisto aggregato viene in qualche modo aumentato.

3) Vi sono dei limiti ristretti per aumentare quanto degli attuali redditi viene speso, sia risparmiando di meno che aumentando la spesa personale in beni di consumo durevole. I redditi si sono oggi così ridotti e le tasse sono aumentate in misura tanto notevole che molta gente, nel tentativo di mantenere il proprio standard di vita, sta già risparmiando meno di quanto richiedono integre abitudini personali. Chiunque si possa permettere di spendere di più dovrebbe essere incoraggiato a farlo, in particolare se ha l'opportunità di spendere in nuovi beni capitali o semicapitali. Ma credere di poter risolvere il problema in questo modo vuol dire non coglierne l'entità. Ne segue dunque che dobbiamo cercare di aumentare il potere d'acquisto aggre-

gato. Se siamo in grado di raggiungere questo obiettivo ciò servirà ad aumentare sia i prezzi che l'occupazione.

4) Mettendo da parte il caso particolare di quelle persone che guadagnano i loro redditi proprio producendo oro, è in generale vero che il potere d'acquisto aggregato di un paese può essere aumentato solamente 1) con un incremento della spesa della comunità finanziata con prestiti, 2) con il miglioramento della bilancia commerciale, in modo tale che una ampia proporzione di spesa corrente si trasformi nuovamente in reddito nelle mani dei produttori interni. Il governo laburista inglese, benché con scarso entusiasmo e *in presenza di circostanze avverse*, ha tentato la prima strada con una politica di lavori pubblici. Il governo di unità nazionale * ha tentato la seconda. Non le abbiamo ancora provate tutte e due contemporaneamente.

5) C'è, comunque, una grande differenza tra i due metodi, poiché soltanto il primo è valido per il mondo nel suo insieme. Il secondo significa semplicemente che un paese sta assorbendo occupazione e potere d'acquisto a spese del resto del mondo. Infatti quando un paese migliora la sua bilancia commerciale, ne segue che quella di qualche altro paese è peggiorata. In questo modo certo non possiamo aumentare la produzione totale o i prezzi internazionali, a meno che, come effetto secondario, esso non serva ad ampliare la spesa grazie a un *consolidamento della fiducia in un centro finanziario* come la Gran Bretagna, rendendo così più attivi i creditori sia all'interno che all'estero.

Fino a poco tempo fa, la svalutazione e le tariffe erano armi di cui la Gran Bretagna disponeva come mezzi di autodifesa. Nel momento in cui siamo stati costretti ad usarle, esse ci hanno reso buoni servigi. Ma svalutazioni competitive, tariffe e mezzi ancora più artificiali per migliorare la bilancia commerciale di un particolare paese, come restrizioni degli scambi, divieti alle importazioni e contingentamenti, se sono applicate dovunque, non aiutano nessuno e, anzi, danneggiano tutti. Si arriva perciò alla conclusione generale che non c'è alcun mezzo effettivo per rialzare

* Governo formato da R. MacDonald, che dopo la fallimentare esperienza del precedente governo laborista, da lui capeggiato, era uscito dal partito laborista spostandosi su posizioni centriste.

i prezzi internazionali a meno che non aumentiamo la spesa in tutto il mondo. In realtà è stato il collasso della spesa, finanziata con i prestiti anticipati dagli Stati Uniti, ad uso interno ed estero, che si è rivelato il veicolo principale della crisi.

Alcuni rimedi sono giustamente popolari perché tendono a facilitare la spesa. Ma vi sono diverse fasi da rispettare quando si propone di aumentare la spesa: se una qualsiasi di esse non verrà rispettata non riusciremo a conseguire il nostro obiettivo. Devo chiedere al lettore, perciò, di sopportare un ulteriore tentativo di sviluppare un'analisi sistematica.

1) La prima necessità è che il credito bancario sia a basso costo ed abbondante. Questo è possibile solo se ciascuna banca centrale è libera da preoccupazioni, sentendosi in possesso di adeguate riserve di moneta internazionale. La perdita di fiducia nei conti bancari, depositati, come *moneta* internazionale, nei principali centri finanziari, ha aggravato notevolmente la penuria di riserve. La concentrazione di larga parte dell'oro di tutto il mondo in poche banche centrali ha prodotto lo stesso effetto. D'altro canto, noi tutti daremmo il benvenuto ad un aumento di produzione delle miniere d'oro e alla riduzione dello sterile tesoreggiamento in India, giacché in questo modo verrebbe aumentata la quantità di moneta di riserva. La svalutazione delle valute nazionali in termini di oro è un altro rimedio che appar*tiene a questa categoria*. Anche l'abbandono di rigide parità auree può dare sollievo alla situazione, giacché una banca centrale che è in grado, se necessario, di alleggerire la tensione, permettendo agli scambi con l'estero di muoversi liberamente, avrà bisogno di minori riserve di moneta internazionale. La riduzione della proporzione legale di moneta internazionale che una banca deve tenere come riserva, in relazione all'emissione delle proprie banconote, può essere di aiuto, anche se su scala inferiore.

Ma questa è soltanto la prima fase. Nel periodo iniziale della ripresa non c'è molta spesa che può essere finanziata con sicurezza dal credito bancario a breve termine. Il ruolo del credito bancario è di finanziare la ricostituzione del capitale di esercizio dopo che la ripresa degli affari si sia definitivamente innestata. In tempi ordinari possiamo fare assegnamento sul fatto che la prima fase conduca automaticamente a quelle successive. Ma non nelle condizioni odierne.

2) Occorre perciò raggiungere la seconda fase nella quale il saggio d'interesse è basso per tutti i potenziali debitori ragionevolmente solvibili. Ciò richiede una combinazione di manovre da parte del governo e della banca centrale nella forma di operazioni di mercato aperto da parte della banca, di opportuni schemi di conversione da parte del Tesoro *, del ristabilimento della fiducia nel mondo della finanza attraverso, tra l'altro, politiche di bilancio approvate dall'opinione pubblica. È in questa fase che può presentarsi un dilemma: infatti può essere vero, per ragioni psicologiche, che una momentanea riduzione di spesa giochi un ruolo decisivo nel determinare il passaggio ad un più basso saggio di interesse a lungo termine. Giacché, comunque, l'obiettivo centrale di politica economica è promuovere la spesa, dobbiamo ovviamente stare attenti a non protrarre la sua riduzione un giorno di più di quanto è necessario.

Alcuni paesi hanno raggiunto la prima fase. Ma solo la Gran Bretagna ha raggiunto la seconda. È un grande risultato del Tesoro e della Banca d'Inghilterra aver portato a termine una transizione così riuscita, laddove la Francia e gli Stati Uniti, per i quali il compito era fino a pochi giorni fa assai più semplice, hanno invece pasticciato malamente.

3) Ma rimane una terza fase. Infatti anche quando la seconda sia stata raggiunta, è improbabile che le imprese private intraprendano, di propria iniziativa, nuovi progetti di spesa su scala sufficiente. L'impresa industriale non proverà ad espandersi se non *dopo* che i profitti abbiano cominciato a riprendersi. L'aumento del capitale di esercizio non sarà necessario se non *dopo* un incremento di produzione. Inoltre, nella società moderna, una proporzione assai ampia di *normali* programmi di spesa è effettuata da enti pubblici o semi-pubblici. La nuova spesa richiesta in un anno dal commercio e dall'industria è relativamente di lieve entità anche nei periodi di benessere. L'edilizia, i trasporti e i servizi

* Keynes si riferisce allo schema di conversione del debito di guerra con il quale il Tesoro inglese riuscì a diminuire il tasso d'interesse sul debito pubblico.

pubblici rappresentano in ogni periodo una parte assai ampia di spesa corrente.

Così il primo passo deve essere compiuto per iniziativa dello Stato: è probabile inoltre che il tentativo debba essere condotto su larga scala e organizzato con determinazione, se vuole essere in grado di spezzare il circolo vizioso e arginare il progressivo deterioramento, in una situazione nella quale un'impresa dopo l'altra getta la spugna, a causa delle perdite, e cessa di produrre, nella speranza, illusoria, che perseverando in questa linea possa alla fine riprendersi.

Alcuni lettori cinici, che hanno seguito il ragionamento fino a questo punto, concluderanno che solo una guerra è in grado di porre fine ad una grave crisi. Infatti fino ad oggi la guerra è stata l'unico obiettivo di spesa pubblica su larga scala che i governi abbiano considerato rispettabile. In tempo di pace, invece, i governi si dimostrano, in tutti i loro atti, timidi, eccessivamente cauti, poco entusiasti, senza perseveranza o determinazione, e concepiscono sempre un prestito come una passività e non come un anello del processo di trasformazione delle risorse eccedenti della comunità (che altrimenti verrebbero sprecate) in utili attività capitali.

Spero che il governo inglese mostrerà che la Gran Bretagna può essere energica anche in tempo di pace. Non dovrebbe essere difficile accorgersi che 100.000 case rappresentano un'attività per la nazione mentre un milione di disoccupati sono una passività.

4) Ma se dobbiamo aumentare i prezzi internazionali, che è poi il tema che stiamo discutendo, vi è ancora una quarta fase. La spesa deve diffondere i suoi benefici effetti per tutto il mondo. Come agevolare questo processo sarà il soggetto del prossimo capitolo.

5. Una proposta per la conferenza economica internazionale

Siamo arrivati alla conclusione che non c'è modo di aumentare i prezzi internazionali se non attraverso l'aumento della spesa in tutto il mondo. Come raggiungere questo obiettivo dovrebbe essere il tema centrale della conferenza economica internazionale *. Vi sono, credo, tre, e solo tre, possibili direttrici lungo le quali possiamo agire.

1) La prima, e forse la più ovvia, è quella dei prestiti diretti all'estero, nel modo tradizionale, da parte dei paesi con una forte struttura finanziaria, i quali hanno un attivo nella bilancia commerciale o un eccesso di riserve in oro, verso i paesi più deboli e indebitati.

Potrà venire il momento in cui si dimostri opportuno ritornare a questa politica tradizionale. Ma sarebbe una chimera supporre che tali prestiti all'estero possano oggi giocare un ruolo rilevante nel dare origine alla ripresa. Quei paesi che sono maggiormente in grado di fare tali prestiti sono anche quelli che con meno probabilità li faranno. Né è ragionevole attendersi che investitori privati assumano nuovi rischi di questo genere quando quelli vecchi stanno finendo così male.

2) La seconda, e più promettente, linea da seguire consiste nell'aumento, da parte dei paesi con una più forte struttura finanziaria, della spesa *interna*, nei modi indicati precedentemente nel capitolo II. Infatti tale spesa sarà due volte benedetta. In quanto provoca un flusso di spesa per prodotti nazionali, le favorevoli ripercussioni dell'impulso iniziale sull'occupazione saranno moltiplicate. In quanto conduce all'acquisto di beni importati, essa attiverà simili ripercussioni favorevoli all'estero e rafforzerà la posizione dei paesi dai quali acquistiamo, così da consentirgli sia di fare reciproci acquisti sia di aumentare la propria spesa. Essa avrà rimesso in moto la situazione.

Può essere meglio, perciò, usare tutte le nostre risorse disponibili per finanziare le importazioni addizionali, che probabilmente verrebbero provocate da un'audace politica di spesa interna, piuttosto che fare prestiti all'estero. Questo arrecherebbe gli stessi benefici all'estero di un ulteriore

* Conferenza internazionale promossa per cercare di trovare un rimedio alla crisi economica: si risolse in un fallimento anche perché coincise con la decisione di Roosevelt di svalutare il dollaro, iniziativa che Keynes, al contrario della maggioranza dell'opinione pubblica europea, appoggiò esplicitamente.

aumento dell'indebitamento internazionale, ma in modo sicuramente più sano.

3) Ma, ancora una volta, sembra ovvio che stiamo qui a discutere rimedi il cui effetto quantitativo è drammaticamente sproporzionato al problema di rialzare i prezzi internazionali. Non vedo come si possa produrre un sufficiente aumento di questi prezzi in un tempo ragionevole se non grazie a sostanziali, e più o meno simultanei, sgravi fiscali e aumenti di spesa in molti differenti paesi. Dovremmo attribuire grande importanza alla *simultaneità* delle politiche rivolte all'aumento di spesa. Infatti la pressione sulla propria bilancia commerciale, che ciascun paese teme come risultato dell'aumento della propria spesa, sarà annullata se altri paesi, nello stesso tempo, perseguiranno la stessa politica. Un'azione isolata può essere imprudente. Un'azione generale non corre pericoli di nessun genere.

Siamo ora arrivati a una fase ulteriore del nostro ragionamento. Abbiamo scoperto cioè quanto sia essenziale una azione internazionale concertata tra i vari paesi. Siamo dunque arrivati all'argomento e agli scopi della conferenza economica internazionale. Il compito di questa conferenza, come lo vedo io, consiste nell'escogitare un qualche tipo di azione comune che serva ad alleviare le ansie delle banche centrali e mitigare le tensioni sulle loro riserve presenti o eventuali. Questo dovrebbe consentire a molti più paesi di raggiungere la prima delle fasi che ho definito nel capitolo 4: la fase nella quale il credito bancario è abbondante e a buon mercato. Non possiamo, con un'azione internazionale, far sì che ' il cavallo beva '. Questo è un affare interno di ogni paese. Noi possiamo però fornirgli l'acqua. Il compito primario della conferenza mondiale consiste nel rianimare un mondo inaridito attivando un milione di rivoli di potere d'acquisto.

Sarà una perdita di tempo, per la conferenza, occuparsi di pie risoluzioni che invochino la fine delle tariffe, dei contingentamenti o delle restrizioni agli scambi. Tali provvedimenti, nella misura in cui non erano espressione di deliberate politiche nazionalistiche o imperiali, furono adottati con riluttanza, come mezzo di autodifesa, e rappresentarono i sintomi e non le cause delle tensioni negli scambi internazionali. È tipico delle conferenze approvare pie risoluzioni che deplorano i sintomi mentre lasciano intatto il male. Il compito del governo inglese dovrebbe essere proprio quello di dare un senso realistico alla prossima conferenza, con proposte concrete che vadano alle radici dei nostri guai.

Bisogna compiere alcuni atti preliminari per poter sperare che gli effettivi rimedi abbiano una sorte favorevole. Noi tutti concordiamo che occorra prioritariamente un accordo sui debiti e le riparazioni di guerra. Questi infatti hanno un'importanza primaria nel diffondere timori di tensioni negli scambi internazionali. Ma siamo in grado di cogliere le opportunità create da un accordo di questo genere?

Nessun rimedio può avere efficacia se non allevia le preoccupazioni del Tesoro o della Banca centrale di ogni paese, offrendo loro adeguate riserve di moneta internazionale. Vi è una considerevole varietà di politiche che possono portare a questo risultato, le quali, tra loro, si assomigliano molto. Dopo molte discussioni private e prendendo in prestito idee di altri, mi sono convinto che la seguente politica sia la migliore. Se però ve n'è qualcun'altra che può raccogliere consensi maggiori sarebbe, proprio per questo, preferibile.

Vi sono alcune condizioni che devono essere soddisfatte da una qualsiasi politica che si prefigga di aumentare le riserve di moneta internazionale. In primo luogo, le riserve addizionali dovrebbero essere basate sull'oro. Infatti mentre sta rapidamente cessando di essere una moneta nazionale, l'oro è diventato invece, in modo ancor più esclusivo di prima, la moneta internazionale più comunemente detenuta in riserva e usata per affrontare una fuoriuscita di capitali all'estero. In secondo luogo, l'aumento delle riserve non dovrebbe avvenire in modo particolarmente selettivo, esse cioè dovrebbero essere disponibili non solo per i paesi eccessivamente bisognosi, ma per tutti quelli partecipanti all'accordo, secondo una formula generale. In realtà pochi paesi ormai, e forse nessuno, sono così esenti da preoccupazioni da non dare il benvenuto ad un rafforzamento della loro posizione. In terzo luogo, ci dovrebbe essere una certa elasticità nella quantità di riserve straordinarie addizionali così che queste opererebbero non come permanente aggiunta netta dell'offerta mondiale di moneta ma come fattore equilibrante, da utilizzare quando i prezzi siano insolitamente bassi, come al momento attuale, e da congelare invece se i prezzi dovessero rialzarsi troppo. Queste condizioni possono essere soddisfatte nel modo seguente:

1) Dovrebbe essere istituita un'autorità internazionale per l'emissione di banconote-oro, il cui valore nominale dovrebbe essere espresso in termini del contenuto aureo del dollaro U.S.A.

2) Si dovrebbe consentire un'emissione massima di queste banconote fino a un livello di 5 miliardi di dollari e queste potrebbero essere acquistate dai paesi membri con titoli governativi in oro del medesimo valore nominale, fino al massimo della quota attribuita a ciascun paese.

3) La quota relativa a ciascun paese dovrebbe basarsi su qualche genere di formula, per esempio l'ammontare di oro che era detenuto in riserva dal paese in periodo recente e non anomalo, ad esempio alla fine del 1928, purché nessuna quota individuale ecceda i 450 milioni di dollari: mantenendo la possibilità, da parte del comitato direttivo, di modificare la rigidità di questa formula nel caso venissero addotti particolari motivi per non aderire strettamente ad essa (si richiederebbe, ad esempio, un qualche provvedimento per i paesi che usano argento). L'effetto di questa formula sarebbe che la quota di ciascun paese accrescerebbe le riserve dello stesso di un ammontare approssimativamente uguale all'oro che esso deteneva nel 1928, soggetto alla clausola restrittiva ricordata precedentemente. La precisa distribuzione per ciascun paese è fornita nell'appendice * di questo capitolo.

4) Ciascun governo membro dovrebbe assumersi l'impegno di varare una legge che stabilisca che queste banconote-oro vengano accettate come equivalente all'oro, a meno che esse non rimangano escluse dalla circolazione attiva e vengano detenute solo dal Tesoro, dalla Banca centrale oppure in riserva a fronte dell'emissione di banconote nazionali.

5) Il comitato direttivo di questa istituzione sarebbe eletto dai governi partecipanti che sarebbero liberi di delegare

* Appendice non inclusa nella presente edizione.

tale potere alle loro banche centrali: il voto sarebbe proporzionale alla propria quota.

6) I titoli-oro dovrebbero avere un saggio d'interesse, all'inizio irrisorio o molto basso, che potrebbe essere cambiato di volta in volta dal comitato direttivo secondo i criteri di cui al punto 8). Essi sarebbero rimborsabili in ogni momento da parte del governo responsabile o su avviso dato dal comitato direttivo, di cui a 8).

7) Gli interessi, al netto delle spese sostenute, sarebbero conservati in oro come fondo di garanzia. In aggiunta, ciascun governo dovrebbe garantire ogni perdita finale, che provenga da un fallimento, in proporzione all'ammontare del massimale della sua quota.

8) Il comitato direttivo dovrebbe essere spinto ad usare il suo potere discrezionale per modificare il volume delle emissioni delle banconote o il saggio d'interesse sui titoli, con l'unico intento di evitare, finché è possibile, un aumento del livello dei prezzi in oro dei prodotti primari, che entrano nel commercio internazionale, sopra uno standard concordato tra il livello attuale e quello del 1928: forse il livello del 1930.

AUTOSUFFICIENZA NAZIONALE *

I

Come la maggior parte degli inglesi, sono stato allevato nel rispetto del libero commercio, considerato non soltanto come una dottrina economica, che una persona razionale ed istruita non poteva mettere in dubbio, ma anche come parte della legge morale. Pensavo che allontanarsi da questa norma fosse un'imbecillità e allo stesso tempo un oltraggio. Ritenevo infatti che le incrollabili convinzioni dell'Inghilterra, imperniate sul libero commercio, mantenute per circa cento anni, costituissero un'evidenza per gli uomini e, nel contempo, una giustificazione per il cielo della sua supremazia economica. Non più tardi del 1923 scrivevo che il libero commercio era basato su verità fondamentali « le quali, esposte con le loro dovute qualificazioni, non possono essere messe in discussione da nessuno che sia in grado di comprendere il significato delle parole » **.

* *National Self-Sufficiency*, « The New Statesman and Nation », 8/15-7-1933 [CWK, vol. XXI, pp. 233-46]. Questa versione (che è quella tradotta nella presente edizione) differisce di poco dal testo dell'omonima conferenza tenuta all'University College di Dublino il 19-4-1933. È da attribuirsi al testo di questa conferenza la precedente traduzione italiana di *National Self-Sufficiency* comparsa, col titolo di *Autarchia economica*, prima sulla « Cultura » (aprile-giugno 1933) e poi ristampata nella « Nuova collana di economisti stranieri e italiani », vol. III, Utet, Torino 1936. L'ignoto traduttore (o Keynes stesso?) ha avuto la sensibilità di evitare attriti con il regime fascista, eliminando una frase in cui si accenna a Mussolini e cambiando il senso di una frase in cui si parla della Germania.

** J. M. Keynes, *Free Trade*, « The Nation and Athenaeum », 24-11 e 1-12-1923 [CWK, vol. XIX, p. 147].

Guardando, ancora oggi, l'enunciazione di queste verità fondamentali che allora esposi, non trovo nulla da ridire su di esse. Ma la prospettiva del mio pensiero è mutata e, insieme a me, questo cambiamento ha coinvolto molti altri. Da una parte, in realtà, si è modificato il mio retroterra teorico. Ora non accuserei Baldwin *, come feci allora, di essere « una vittima dell'ideologia protezionistica nella sua forma più rozza » perché credeva che, nelle condizioni dell'Inghilterra di allora, una tariffa poteva fare qualcosa per diminuire la disoccupazione. Ma, in particolare, attribuisco il cambiamento della mia prospettiva ad altre cose: alle mie speranze, paure e preoccupazioni, differenti da quelle che avevo anni addietro, e che ora, dovunque nel mondo, vedo condivise da molti se non dalla maggioranza di questa generazione. È assai difficile evadere dagli abiti mentali del mondo prebellico dell'Ottocento. Ma oggi, arrivati ad un terzo di questo secolo, la maggior parte di noi ne sta uscendo fuori e, quando raggiungeremo la metà di esso, è probabile che la nostra mentalità e i nostri interessi saranno così differenti dai metodi e dai valori del XIX secolo, come quelli degli altri secoli lo sono stati rispetto ai valori dei secoli precedenti. Può essere utile, perciò, tentare una sorta di inventario, di analisi, o di diagnosi, per scoprire in che cosa consista questo cambiamento di mentalità.

Che cosa credevano di fare i libero-scambisti del XIX secolo, che erano i più idealisti e disinteressati tra gli uomini?

Essi pensavano, e forse è opportuno fermarci subito su questo punto, di essere persone perfettamente ragionevoli, le uniche a veder chiaro; credevano inoltre che le politiche che cercavano d'interferire con l'ideale divisione internazionale del lavoro fossero sempre prodotto di ignoranza, frutto a sua volta di un egoismo cieco. In secondo luogo essi credevano di risolvere il problema della povertà, e di risolverlo per tutto il mondo, utilizzando al meglio, come una buona massaia, le risorse e le capacità presenti sulla Terra.

Essi pensavano inoltre di garantire non solamente la

* Primo ministro di un governo conservatore che propose nel 1923 l'imposizione di barriere tariffarie.

sopravvivenza di ciò che è più opportuno dal punto di vista economico ma, battendosi contro le forze del privilegio, del monopolio e dell'arretratezza, ritenevano anche di servire la grande causa della libertà, libertà dell'iniziativa e del talento individuale, nonché la causa della creatività artistica e della fertilità di una mente non asservita.

Erano convinti, infine, di essere gli amici e i garanti della pace, della concordia internazionale, della giustizia economica tra le nazioni e i propagatori dei benefici del progresso.

E se qualche volta *al poeta di quell'epoca* veniva lo strano desiderio di vagare in luoghi sperduti, dove mai arriva il mercante, e di afferrare la capra selvatica per la sua pelliccia, subito sopraggiungeva però la rassicurante reazione:

Io, mettermi nel branco con quelle fronti ristrette, inconsapevoli
[dei nostri gloriosi acquisti,
Come una bestia con bassi piaceri, come una bestia con bassi
[dolori! *

II

Cosa c'è di sbagliato in tutto ciò? In superficie, nulla. Ma molti di noi non sono soddisfatti del modo in cui funziona come teoria politica. Cos'è che non va?

Cominciamo con la questione della pace. Oggi siamo pacifisti con così tanta convinzione che, se l'internazionalismo economico potesse ottenere successo su questo versante, presto avrebbe di nuovo la nostra adesione. Ma al momento attuale non sembra logico che la salvaguardia e la garanzia della pace internazionale siano rappresentate da una grande concentrazione degli sforzi nazionali per conquistare i mercati esteri, dalla penetrazione, da parte delle risorse e dell'influenza di capitali stranieri, nella struttura economica di un paese e dalla stretta dipendenza della nostra vita economica dalle fluttuazioni delle politiche economiche di paesi stra-

* A. Tennyson, *Locksley Hall*, in *Poems of Tennyson*, London 1908, p. 187.

nieri. Alla luce dell'esperienza e della prudenza, è più facile arguire proprio il contrario. La protezione degli attuali interessi stranieri di un paese, la conquista di nuovi mercati, il progresso dell'imperialismo economico sono una parte difficilmente evitabile di un sistema che punta al massimo di specializzazione internazionale e di diffusione geografica del capitale, a prescindere dalla residenza del suo proprietario. Sarebbe più facile realizzare opportune manovre interne di politica economica se, per esempio, potesse essere impedito il fenomeno conosciuto come « fuga dei capitali ». Il divorzio tra proprietà ed effettiva responsabilità della conduzione di un'impresa è già preoccupante all'interno di un paese quando, come risultato del capitale azionario, la proprietà è spezzettata tra innumerevoli individui, che comprano la loro quota oggi e la rivendono domani e che mancano, nell'insieme, sia della conoscenza che della responsabilità nei confronti di ciò che essi momentaneamente posseggono. Ma quando lo stesso principio è applicato su scala internazionale esso è, in periodi di difficoltà, intollerabile: io non sono responsabile di ciò che posseggo e coloro che gestiscono la mia proprietà non sono responsabili nei miei confronti. Vi può essere qualche calcolo finanziario che mostra i vantaggi di investire i miei risparmi in qualche parte della Terra, mettendo in evidenza la più elevata efficienza marginale del capitale o il più elevato saggio d'interesse che posso ricavarne. Ma l'esperienza mostra sempre più che quando si considerino le relazioni tra gli uomini, il distacco tra proprietà e gestione è un male, e che esso quasi sicuramente, nel lungo periodo, provocherà tensioni ed antagonismi, facendo fallire il calcolo finanziario.

Sono perciò più d'accordo con quelli che vorrebbero ridurre l'intreccio economico tra le nazioni che con quelli che lo estenderebbero. Idee, conoscenza, arte, ospitalità, viaggi: queste sono le cose che per loro natura dovrebbero essere internazionali. Ma cerchiamo di far sì che i beni vengano prodotti al proprio interno quanto più ragionevolmente e convenientemente è possibile; e soprattutto che la finanza sia essenzialmente nazionale. Nello stesso tempo, però, chi cerca di liberare un paese dai suoi intrecci internazionali dovrebbe procedere adagio e con cautela. Non è questione di strappare le radici ma di abituare lentamente una pianta a crescere in una direzione differente.

Queste sono le principali ragioni per le quali credo che, una volta compiuta la transizione, un più elevato livello di autosufficienza e di isolamento economico rispetto a quello che esisteva nel 1914 possa servire la causa della pace piuttosto che indebolirla. In ogni caso l'età dell'internazionalismo economico non ha portato con sé la fine delle guerre; e se i suoi sostenitori replicano che ciò è dovuto alla parzialità del suo successo, è ragionevole puntualizzare che un successo più ampio è difficilmente ipotizzabile negli anni a venire.

Lasciamo ora questi problemi di difficile valutazione, per i quali ciascuno di noi rimane della propria opinione, per affrontare un argomento più precisamente economico. Nel XIX secolo l'internazionalismo economico poteva con molta probabilità rivendicare giustamente che la sua politica tendeva al maggiore arricchimento possibile del mondo, che promuoveva il progresso economico e che il rovesciamento di questa politica avrebbe causato un serio impoverimento sia nostro che dei nostri vicini. Ciò solleva una questione di equilibrio tra vantaggi di natura economica e non economica, sulla quale non è facile prendere posizione. La povertà è un grande male e il benessere economico è un bene concreto che non deve essere sacrificato per scopi diversi a meno che non sia chiaramente di importanza minore. Io sono pronto a credere che nel XIX secolo esistevano due generi di condizioni che facevano sì che i vantaggi dell'internazionalismo economico superassero per importanza gli svantaggi di altra natura. Al tempo in cui i flussi migratori su larga scala popolavano nuovi continenti, è naturale che gli uomini dovessero portare con loro nel Nuovo Mondo i frutti materiali della tecnologia e del risparmio del Vecchio Mondo. Il fatto che gli inglesi investissero i loro risparmi in binari e materiale rotabile, installati da ingegneri inglesi per trasportare emigranti inglesi verso nuovi territori, in modo tale che i frutti di tutto ciò tornassero poi nella proporzione dovuta a coloro la cui frugalità aveva reso possibili queste cose, non era certo un internazionalismo economico neanche lontanamente paragonabile, nella sua essenza, alla comproprietà della tedesca A.E.G. da parte di uno speculatore di Chicago e ai miglioramenti della città di Rio de Janeiro da parte di una zitella inglese. Ma è il tipo di organizzazione necessaria a facilitare il primo che alla fine ha condotto al secondo. Inoltre, nel periodo in cui vi erano enormi differenze nel grado di industrializzazione e nell'opportunità di addestramento tecnico nei diversi paesi, i vantaggi di un alto livello di specializzazione nazionale erano molto considerevoli.

Ma non sono persuaso che i vantaggi economici della divisione internazionale del lavoro siano oggi assolutamente comparabili con quelli che esistevano in passato. Non voglio apparire troppo radicale nello sviluppare questo argomento. Un considerevole grado di specializzazione internazionale è necessario, in un mondo organizzato in modo razionale, in tutti i casi dove sussistono ampie differenze di clima, risorse naturali, attitudini locali, livello di cultura e densità di popolazione. Ma rispetto ad una ampia e crescente gamma di prodotti industriali e forse anche di generi alimentari, non sono convinto che il costo economico dell'autosufficienza sia superiore ai vantaggi che possono essere conseguiti conducendo gradualmente il produttore ed il consumatore nell'ambito della stessa organizzazione nazionale economica e finanziaria.

L'esperienza prova che il grosso dei moderni processi di produzione di massa può essere sviluppato nella maggior parte dei paesi e dei climi con, in genere, la stessa efficienza. Inoltre, con l'aumento della ricchezza, sia le materie prime che i manufatti giocano un ruolo più modesto nell'economia nazionale rispetto a case, servizi personali, comforts locali che non sono soggetti a scambi internazionali; con il risultato che un moderato aumento nel costo effettivo dei primi, in conseguenza di una maggiore autarchia può non avere serie conseguenze se paragonato a vantaggi di diverso genere. In breve, benché l'autosufficienza economica possa avere certi costi, essa può diventare un lusso che siamo in grado di affrontare se ce ne viene la voglia. Ci sono ragioni sufficienti affinché ciò possa avvenire?

III

Il decadente capitalismo, internazionale ma individualistico, nelle cui mani ci siamo trovati dopo la guerra, non sta avendo molto successo. Non è intelligente, né bello, né giusto, né virtuoso, né si comporta come dovrebbe. In breve non ci piace e anzi stiamo cominciando a detestarlo. Ma quando ci domandiamo che cosa mettere al suo posto, siamo estremamente perplessi.

Di anno in anno diventa sempre più ovvio il fatto che nel mondo si sta sviluppando una varietà di esperimenti politico-economici e che differenti esperienze fanno capo a differenti temperamenti nazionali e contesti storici. L'internazionalismo economico del XIX secolo, basato sul libero scambio, muoveva dal principio che tutto il mondo era, o doveva essere, organizzato sulle basi del capitalismo privatistico concorrenziale e della libertà del contratto privato, protetta in modo inviolabile dalle sanzioni della legge. Ovviamente si ammettevano vari livelli di complessità e di sviluppo, ma conformi tutti ad un unico modello che sarebbe stato interesse comune perfezionare e certamente non distruggere. Il protezionismo del XIX secolo era un'eccezione all'efficienza e al buon senso di questo schema, ma non modificava i convincimenti generali riguardo alle principali caratteristiche della società economica.

Ma oggi un paese dietro l'altro abbandona questi convincimenti. La Russia è ancora sola nel suo particolare esperimento ma non più a lungo sola nell'abbandono delle vecchie idee. L'Italia, l'Irlanda e la Germania hanno già scoperto, o lo stanno facendo ora, nuovi modelli di economia politica. Molti altri paesi dopo di loro presto ricercheranno nuovi idoli economici. Anche paesi come la Gran Bretagna e gli Stati Uniti, benché si ispirino ancora in larga parte al vecchio modello, si stanno sforzando, sotto la superficie, di ricercare un nuovo piano economico. Noi non sappiamo quale sarà il risultato di tutto ciò. Tutti noi stiamo — credo — sul punto di commettere molti errori. Nessuno può dirci oggi quale dei nuovi sistemi darà prova di essere il migliore.

Ma il punto cruciale di questa discussione è il seguente.

Ciascuno di noi ha le proprie idee. Dal momento che non crediamo di essere già salvi, ognuno potrebbe dire la sua per realizzare la nostra salvezza. Noi non vogliamo perciò essere alla mercé di forze internazionali che realizzano, o cercano di realizzare, un genere di equilibrio uniforme ai principi ideali, se li si può chiamare così, del capitalismo del *laissez-faire*. C'è ancora gente fedele alle vecchie idee, ma in nessun paese del mondo può essere oggi considerata una parte cospicua. Noi desideriamo, almeno per tutto il tempo che dura questa fase di transizione e di innovazione, essere padroni di noi stessi e renderci liberi, per quanto è possibile, dalle interferenze del mondo esterno.

Così, da questo punto di vista, la politica tesa ad aumentare il grado di autosufficienza, deve essere considerata non come un ideale in se stesso, ma come uno strumento finalizzato alla creazione di un contesto nel quale altri ideali possano essere perseguiti nel modo più sicuro e conveniente.

Lasciatemi offrire una stringata illustrazione di come vedo la questione, scelta per le sue connessioni con le idee sulle quali mi sono recentemente soffermato a lungo. Riguardo agli aspetti più particolari dell'economia, distinguendoli dal controllo centrale, io sono favorevole a concedere al settore privato il massimo possibile di capacità decisionale, di iniziativa e di imprenditorialità. Ma sono convinto che il mantenimento della struttura dell'impresa privata è incompatibile con il livello di benessere materiale consentito dal nostro progresso economico, a meno che il saggio di interesse non cada ad un livello molto più basso di quello che è probabile si realizzi con il solo operare delle forze spontanee, secondo le vecchie linee. In realtà la trasformazione della società che auspico potrebbe richiedere la riduzione del saggio di interesse fino ad un livello trascurabile nei prossimi 30 anni. Ma è improbabile che ciò accada in un sistema nel quale il saggio di interesse, sotto l'operare delle normali forze della finanza, trova un livello uniforme nel mondo, una volta tenuto conto delle componenti di rischio e simili. Così, per un complesso di ragioni sulle quali non posso soffermarmi in questa sede, l'internazionalismo economico che comprende il libero movimento sia dei capitali e dei fondi prestabili che delle merci, può condannare questo paese per una generazione ad un livello di prosperità materiale molto più basso di quello che potrebbe essere ottenuto con un sistema diverso.

Ma questa è una semplice descrizione. L'elemento cruciale è che non vi è nessuna speranza che nei prossimi anni si realizzi una uniformità del sistema economico internazionale paragonabile a quella esistita, in generale, durante il XIX secolo; inoltre voglio sottolineare la necessità di essere quanto più liberi è possibile da interferenze derivanti da cambiamenti economici che avvengano altrove, al fine di sviluppare gli esperimenti che reputiamo necessari per raggiungere la repubblica sociale ideale del nostro futuro. Ed infine la questione è che un deliberato movimento verso una più estesa autosufficienza e un maggiore isolamento economico renderà il nostro compito più semplice, fino a che potremo perseguire tale politica senza un eccessivo costo economico.

IV

Vi è un'ulteriore spiegazione, credo, del cambiamento di rotta nel nostro modo di ragionare. Nel XIX secolo si sviluppò fino a un livello stravagante il criterio che, per brevità, possiamo chiamare del tornaconto finanziario, come test per valutare l'opportunità di intraprendere un'iniziativa di natura *sia privata che pubblica*.

Ogni manifestazione vitale fu trasformata in una sorta di parodia dell'incubo del contabile. Invece di utilizzare l'immenso incremento delle risorse materiali e tecniche per costruire la città delle meraviglie, si crearono i bassifondi; e si pensò che fosse giusto e ragionevole farlo perché questi, secondo il criterio dell'impresa privata, « fruttavano », mentre la città delle meraviglie sarebbe stata, si pensava, un atto di follia che avrebbe, nell'imbecille linguaggio di stile finanziario, « ipotecato il futuro ». Ma nessuno può credere oggi che l'edificazione di opere grandi e belle possa impoverire il futuro a meno che non sia ossessionato da false analogie tratte da una astratta mentalità contabile. Eppure ancora oggi passiamo il nostro tempo, in parte invano ma in parte — devo dire — con successo, nel cercare di convincere i nostri connazionali che l'intero paese sarebbe sicuramente più ricco se il macchinario non utilizzato e gli uomini disoccupati fossero impiegati per la costruzione delle case di cui c'è bisogno piuttosto che ricevere un aiuto per rimanere oziosi.

Infatti le menti di questa generazione sono ancora così offuscate da calcoli fasulli che esse non si fidano di conclusioni che sarebbero ovvie, se non si desse credito a un sistema di contabilità finanziaria che mette in dubbio il « rendimento » di tali iniziative. Dobbiamo rimanere poveri perché non frutta essere ricchi. Dobbiamo vivere in stamberghe non perché siamo incapaci di costruire palazzi ma perché non possiamo « permetterceli ».

La stessa regola autodistruttiva di calcolo finanziario governa ogni altro aspetto della vita. Distruggiamo le campagne perché le bellezze naturali, non hanno valore economico. Probabilmente saremmo capaci di fermare il sole e le stelle perché non ci danno alcun dividendo. Londra è una delle città più ricche nella storia della civiltà, ma essa non si può « permettere » programmi più ambiziosi, alla portata dei propri cittadini, perché essi non « rendono ».

Se fossi oggi al potere cercherei subito di dotare le nostre principali città di tutto ciò che è connesso all'arte e alla civiltà al più alto livello raggiungibile da ciascun cittadino, convinto che sarei in grado di affrontare le spese di tutto ciò a cui darei vita; sarei convinto inoltre che il denaro così speso non solo sarebbe più opportuno di ogni sussidio di disoccupazione ma renderebbe inutile tale sussidio. Perché con quello che abbiamo speso in sussidi di disoccupazione dalla fine della guerra avremmo potuto rendere le nostre città le più grandi opere dell'uomo sulla faccia della terra.

E inoltre, fino a poco tempo fa noi abbiamo ritenuto che fosse un obbligo morale quello di mandare in rovina gli agricoltori o distruggere lontane tradizioni legate al lavoro nei campi se questo ci avesse permesso di risparmiare un decimo di penny su una pagnotta di pane. Non vi era nulla che non dovessimo sacrificare a questo Moloch e Mammone riuniti insieme: perché noi credevamo in fede che l'adorazione di questi mostri avrebbe sconfitto il male della povertà e condotto la nuova generazione, in modo sicuro e confortevole, sulla scia dell'interesse composto, alla pace economica.

Oggi noi soffriamo di una disillusione, non perché siamo più poveri di quanto fossimo in passato, perché al contrario, almeno in Gran Bretagna, godiamo anche oggi di un tenore di vita più elevato, ma perché altri valori sembrano essere stati sacrificati e, ci sembra, in maniera ingiustificata. Infatti il nostro sistema economico non ci consente di utilizzare appieno le possibilità di benessere economico offerteci dallo sviluppo della tecnologia ma si ferma molto prima di questo limite, dandoci la sensazione che avremmo potuto colmare questo dislivello in modo assai più soddisfacente.

Ma una volta che ci sia concesso di disubbidire al test di profittabilità di un contabile, cominceremo a cambiare la nostra civiltà. E occorrerà farlo con molta circospezione, cautela e coscienziosità, giacché vi è un largo settore di attività dell'uomo nel quale dobbiamo saggiamente conservare le consuete verifiche basate sul denaro. È lo Stato, piuttosto che l'individuo, che deve mutare i suoi criteri. È la concezione del Cancelliere dello Scacchiere come presidente di una sorta di compagnia per azioni che deve essere abbandonata. Ora se le funzioni e gli scopi dello Stato devono essere allargati, la decisione, per dirla in generale, di cosa deve essere prodotto all'interno della nazione e di cosa deve essere scambiato con l'estero, deve risultare uno dei compiti principali della politica nazionale.

V

Dopo queste riflessioni sugli scopi appropriati dello Stato, torno ora al mondo politico di oggi. Ci siamo sforzati di comprendere e di fare piena giustizia delle idee che accompagnano il forte desiderio di maggiore autosufficienza provato oggi da molti paesi: dobbiamo adesso considerare attentamente se in realtà non stiamo abbandonando troppo facilmente quanto di valido il XIX secolo ha conseguito. Nei paesi in cui coloro che auspicano l'autarchia sono al potere, sembra a mio giudizio che, senza eccezioni, siano state compiute molte follie. Mussolini forse è sul punto di mettere il dente del giudizio *. Ma la Russia dà prova del peggior esempio mai visto forse nel mondo di incompetenza amministrativa e del sacrificio di quasi tutto ciò che fa la vita degna di essere vissuta anche per delle teste di legno. La Germania è alla mercé di pazzi scatenati, benché sia troppo presto per giudicare la sua capacità di conseguire dei risultati **. Il Libero Stato Irlandese, un'unità troppo piccola per un alto grado di autarchia se non a costo di schiaccianti costi economici, ha messo in discussione programmi che, se fossero realizzati, potrebbero portarlo alla rovina.

Frattanto quei paesi che mantengono, o stanno adottando, un chiaro protezionismo di vecchio tipo, rimesso a nuovo con alcuni programmi di contingentamento, fanno molte cose impossibili a difendersi razionalmente. Così, se la Conferenza Economica dovesse ottenere reciproche riduzioni di tariffe e spianare la strada ad accordi locali, ciò sarebbe motivo di sincero plauso. Giacché non si deve supporre che io sottoscriva tutto ciò che nel mondo politico contemporaneo viene fatto in nome del nazionalismo economico: lungi da me. Cerco invece di mettere in evidenza che il mondo verso il quale con difficoltà ci stiamo muovendo, è abbastanza diverso da quell'ideale basato sull'internazionalismo economico dei nostri padri e che le politiche contemporanee non devono essere giudicate attraverso le massime di quella precedente fede.

Vedo tre principali pericoli nel nazionalismo economico e sulla strada dell'autarchia nazionale.

Il primo è la stupidità: la stupidità del dottrinario. Non è per nulla strano scoprirla nei movimenti che sono passati, piuttosto rapidamente, dalla fase degli eccentrici discorsi da salotto a quella dell'azione. Noi non distinguiamo dapprima tra il colore della retorica con il quale abbiamo ottenuto il consenso della gente e la nuda verità del nostro messaggio. Non c'è nulla di poco sincero nel passare dall'uno all'altra.

* Questa frase è stata eliminata nella precedente traduzione italiana.

** Questa frase nella traduzione precedente è diventata: « Quanto alla Germania, è troppo presto per giudicarla ».

Per aprirsi un varco nella confusione, necessariamente i pensieri vengono espressi con toni forti. Ma a chi ha raggiunto una posizione di potere e di autorità non dovrebbe più essere concessa alcuna licenza poetica. Al contrario, bisognerebbe tener presente la cruda struttura dei costi che la nostra retorica guardava con disprezzo. Una società nuova ha bisogno di essere di gran lunga più efficiente di un'altra costituita da lungo tempo, se vuole sopravvivere con sicurezza. Essa avrà bisogno di tutti i suoi margini economici per realizzare i propri propositi e non può permettersi di concedere nulla alla stupidità e alla follia dottrinaria.

Un secondo pericolo, un pericolo ancora peggiore della sciocchezza, è la fretta. Vale la pena di citare l'aforisma di Paul Valery: « I conflitti politici distorcono e disturbano nella gente il senso di distinzione tra questioni di importanza e questioni di urgenza ». Il cambiamento economico di una società è cosa da realizzare lentamente. Quello di cui stavo discutendo non è un'improvvisa rivoluzione, ma la direzione di un trend secolare. Abbiamo uno spaventoso esempio nella Russia di oggi dei mali prodotti da una fretta folle e inutile. I sacrifici e le perdite legate ad un processo di transizione saranno molto ingigantiti se si forza il passo. Ciò è soprattutto vero nel caso di una transizione verso una più estesa autosufficienza nazionale e una economia domestica pianificata. Poiché è nella natura dei processi economici essere distribuiti nel tempo. Una transizione rapida comporterà un così elevato livello di pura distruzione di ricchezza che la nuova situazione economica sarà all'inizio di gran lunga peggiore di quella vecchia e il grandioso esperimento ne sarà screditato.

Il terzo rischio, il peggiore di tutti e tre, è l'intolleranza e il soffocamento di una critica non ammaestrata. I nuovi movimenti sono quasi sempre venuti al potere attraverso una fase violenta. Essi non hanno convinto i propri oppositori, li hanno spodestati. È il metodo moderno: contare sulla propaganda e impadronirsi degli organi di opinione; si crede sia intelligente e utile fossilizzare il pensiero e usare tutti i mezzi autoritari per paralizzare lo scambio delle idee. Per coloro che hanno ritenuto necessario utilizzare tutti i metodi possibili per impadronirsi del potere è una seria tentazione quella di continuare a usare per l'edificazione della nuova società gli stessi strumenti che avevano permesso la rottura dell'edificio precedente.

Ancora la Russia ci fornisce un esempio degli errori grossolani che un regime compie quando si rende impermeabile dalle critiche. La spiegazione dell'incompetenza con la quale le guerre sono sempre state condotte da entrambe le parti può essere trovata nella relativa sordità alle critiche da parte degli alti comandi militari. Non ho eccessiva ammirazione per i politici ma, allevati come sono in un forte spirito critico, quanto sono superiori ai soldati! Le rivoluzioni hanno avuto successo solo perché esse sono state condotte da politici contro soldati. Per quanto possa essere paradossale, chi ha mai sentito parlare di una rivoluzione condotta da soldati contro politici che abbia avuto successo?

Noi tutti odiamo le critiche. Nient'altro se non un principio radicato può far sì che volontariamente ci esponiamo ad esse. Le nuove forme economiche verso le quali ci stiamo muovendo a tentoni sono tuttavia per loro natura esperimenti. Non abbiamo alcuna chiara idea precostituita di cosa esattamente vogliamo. Lo scopriamo strada facendo e dovremo modellare il nostro materiale in accordo con l'esperienza ove, per portare avanti questo processo, una critica audace, libera e senza remore è una *conditio sine qua non* del successo finale. Abbiamo bisogno della collaborazione di tutti gli spiriti illuminati di questa epoca. Stalin ha eliminato ogni mente indipendente e critica anche quando questa si trovava d'accordo sulle prospettive generali. Ha prodotto una situazione nella quale i processi mentali sono atrofizzati. I delicati sussulti della mente sono stati pietrificati.

I ragli amplificati dell'altoparlante sostituiscono le inflessioni della voce umana. Il belato della propaganda, come Low ci ha mostrato, annoia a morte anche gli uccelli e le bestie dei campi. Facciamo sì che Stalin sia un esempio terrificante per tutti quelli che si imbarcano in questo tipo di esperimenti. In ogni modo, se ciò non avverrà, presto tornerò di nuovo ai miei vecchi ideali del XIX secolo, quando il gioco del reciproco scambio di idee ci ha fornito l'eredità che oggi cerchiamo di indirizzare verso scopi più opportuni.

IL NEW DEAL *

Caro Presidente,

Voi siete diventato il vessillo di tutti coloro che in ogni paese cercano di correggere i mali della nostra condizione per mezzo di esperimenti ragionati, nel contesto dell'attuale sistema sociale.

Se voi fallirete sarà gravemente pregiudicata la possibilità di trasformare il mondo secondo schemi razionali ed esso resterà in balia dell'ortodossia e della rivoluzione. Ma se voi avrete successo, metodi nuovi e più arditi verranno sperimentati ovunque e noi potremo datare il primo capitolo di una nuova era economica dal vostro ingresso alla presidenza.

Questa è una ragione sufficiente a farmi avventurare, dinanzi a voi, in alcune riflessioni benché sia svantaggiato dalla distanza e dalla scarsa conoscenza della situazione.

L'opinione in Inghilterra

Al momento i vostri simpatizzanti in Inghilterra sono nervosi e a volte scoraggiati. Ci domandiamo se sia stato ben compreso l'ordine delle differenti priorità, se non vi sia confusione di intenti e se qualche indicazione da voi data non sia bizzarra o stravagante.

* *The New Deal (Lettera a Roosevelt)*, « The New York Times », 31-12-1933 [CWK, vol. XXI, pp. 289-97].

Se siamo imbarazzati quando vi difendiamo, lo si deve in parte all'influenza del nostro ambiente londinese. Infatti tutti quelli che vivono qui hanno sempre opinioni ampiamente distorte su ciò che accade negli Stati Uniti.

L'uomo medio della City crede che vi siate imbarcato, a dispetto di consigli assennati, in un'impresa scervellata, che le migliori speranze sono affidate alla possibilità che vi sbarazziate dei vostri attuali consiglieri per tornare alle vecchie pratiche di governo e che, in caso contrario, gli Stati Uniti andranno incontro ad uno spaventoso collasso. Questo è ciò che egli dice di fiutare nell'aria.

Coloro che credono che il naso sia un organo più nobile del cervello scuotono dunque la testa e invocano prudenza. Londra è convinta che dobbiamo solo metterci in disparte ed aspettare di vedere cosa accade. Posso implorare la vostra attenzione mentre espongo il mio punto di vista?

Il compito presente

Vi siete imbarcato in uno sforzo duplice, di ripresa e di riforma: ripresa dalla crisi e varo di quelle iniziative e riforme sociali che sono attese da troppo tempo. Per il primo compito velocità e rapidi risultati sono essenziali. Anche il secondo compito può essere urgente: ma la fretta sarebbe nociva ed è più importante la saggezza dei propositi a lungo termine che il conseguimento di risultati immediati. Sarà il successo nel realizzare una ripresa in tempi brevi che farà crescere il prestigio della vostra amministrazione e che vi darà così la forza necessaria per portare a termine riforme di ampio respiro.

D'altro canto anche sagge e necessarie riforme possono, in qualche modo, impedire e complicare la ripresa. Infatti turberanno la fiducia del mondo degli affari e indeboliranno gli attuali stimoli all'azione prima che voi abbiate avuto il tempo di mettere al loro posto nuove motivazioni. Esse possono anche rendere troppo gravoso il compito della vostra macchina burocratica, che il tradizionale individualismo degli Stati Uniti e il vecchio *spoils system* * non hanno per nulla rafforzato. E le stesse riforme confonderanno le idee e i propositi vostri e della vostra amministrazione, mettendo da subito troppa carne al fuoco.

National Recovery Administration (N.R.A.) **: scopi e risultati

Ora non ho chiaro, riconsiderando gli ultimi nove mesi, se l'ordine delle priorità, tra misure di ripresa e misure di riforma, sia stato adeguatamente osservato o se le ultime non siano state scambiate qualche volta con le prime. In particolare, benché considerevoli siano le acquisizioni di ordine sociale, io non posso rintracciare nell'N.R.A. alcun sostegno materiale alla ripresa. Impiegare una gran quantità di energie nel vasto compito amministrativo che questo atto comportava, è sembrata una scelta sbagliata nell'ordine delle priorità. L'atto è diventato legge; si è fatto molto per cercare di applicarlo ma, per il presente, sarebbe forse meglio maturare nuove esperienze prima di cercare di realizzarlo in tutti i suoi dettagli.

La mia prima riflessione è questa: l'N.R.A., che è essenzialmente una riforma e probabilmente ostacola la ripresa, è stato varato con troppa fretta, facendolo passare erroneamente come parte della manovra per la ripresa.

La mia seconda riflessione si riferisce alla stessa tecnica usata per facilitare la ripresa. L'obiettivo di quest'ultima è di aumentare la produzione nazionale e di dar lavoro al maggior numero di persone possibile. Nel sistema economico odierno, si produce essenzialmente per vendere; il volume della produzione dipende dunque dall'ammontare di potere d'acquisto, comparato al costo primo della produzione, che ci si attende si presenti sul mercato.

Parlando in generale, perciò, un aumento di produzione non può realizzarsi a meno dell'operare di uno o l'altro di

* Sistema di ripartizione delle cariche tra i seguaci del partito vincente.
** Il principale piano economico elaborato da Roosevelt nella prima fase della sua presidenza.

questi tre fattori: gli individui devono essere indotti a spendere una parte maggiore dei loro redditi; oppure il mondo degli affari deve essere spinto, con aspettative più ottimistiche o con un più basso saggio d'interesse, a creare un'addizionale reddito corrente nelle mani dei propri dipendenti, che è quello che accade quando in una nazione viene aumentato il capitale d'esercizio o quello fisso; oppure ancora l'autorità pubblica deve essere chiamata in aiuto per creare un reddito corrente addizionale attraverso la spesa di moneta presa in prestito o direttamente stampata per l'occorrenza.

Nei momenti difficili non ci si aspetta che il primo fattore operi ad un livello sufficiente. Il secondo, d'altra parte, comparirà soltanto in una successiva ondata di attacco alla crisi, dopo che la tendenza è stata invertita da una politica di spesa pubblica. È perciò solo dal terzo fattore che noi ci attendiamo un grosso impulso iniziale.

Ora, c'è motivo di credere che la vostra amministrazione sia incorsa in due errori tecnici. Il primo si riferisce alla parte giocata *nella ripresa dal rialzo dei prezzi. Esso deve* essere il benvenuto perché è di solito un sintomo dell'aumento della produzione e della occupazione: quando un maggiore potere d'acquisto è speso, ci si attende una produzione crescente a prezzi crescenti. Dal momento che la produzione non può aumentare senza che aumentino anche i *prezzi*, è *essenziale* assicurarsi che la ripresa non sia frenata da un'offerta di moneta insufficiente a sostenere una maggiore circolazione monetaria.

Il problema del rialzo dei prezzi

Al contrario, non c'è molto da dire a favore di un rialzo dei prezzi, se questo si compie a spese di un aumento di produzione. Colui che si è indebitato può essere aiutato ma la ripresa nazionale nel suo insieme sarà ritardata. Così rialzi dei prezzi causati da un deliberato aumento dei costi primi o da pratiche restrittive della produzione hanno un valore di gran lunga inferiore ad un aumento dei prezzi dovuto ad un incremento nel potere d'acquisto della nazione.

Non intendo contestare la giustizia e l'opportunità sociale della redistribuzione dei redditi a cui sono finalizzati l'N.R.A. e i vari schemi restrittivi in agricoltura. Più in particolare, in linea di principio, dovrei anzi appoggiare con forza quest'ultimi. Ma troppa enfasi sul valore correttivo di un più elevato livello dei prezzi, come obiettivo in sé, può condurre ad un serio malinteso sul ruolo che i prezzi possono giocare nella tecnica della ripresa. Il modo giusto di procedere consiste nel far crescere i prezzi stimolando la produzione con l'aumento del potere d'acquisto aggregato, e non il contrario.

Così, attribuisco grande importanza all'aumento del potere di acquisto nazionale, considerandolo come il primo fattore a mettersi in moto nella fase iniziale della ripresa; sempre che questo sia l'effetto di una spesa governativa finanziata con prestiti e non rappresenti invece il semplice trasferimento, mediante tassazione, dei redditi esistenti. Qualsiasi altra politica risulterebbe inefficace.

Espansione, crisi e guerra

Nella fase espansiva del ciclo economico, l'inflazione può essere causata dal permettere che un credito illimitato sostenga gli eccitati entusiasmi degli speculatori. Ma in periodo di crisi la spesa governativa finanziata da debiti è l'unico mezzo sicuro per ottenere l'aumento della produzione a prezzi crescenti. Questo è il motivo per cui le guerre hanno sempre stimolato un'intensa attività industriale. Nel passato la finanza ortodossa ha considerato la guerra come l'unica scusa legittima per creare occupazione per mezzo della spesa governativa. Voi, Sig. Presidente, avendo spezzato queste catene, siete libero di impiegare, nell'interesse della pace e della prosperità, la tecnica che fino ad ora è stata asservita ai soli propositi di guerra e di distruzione.

La battuta d'arresto della ripresa che si è avuta in America nell'autunno scorso è stata la conseguenza prevedibile del fallimento della vostra amministrazione nell'organizzare, durante i vostri primi sei mesi di presidenza, qualsiasi genere di aumento di spesa finanziata da debiti. La situazione dei prossimi sei mesi dipenderà completamente dalla vostra capacità di gettare le fondamenta di una spesa più ampia nel prossimo futuro.

Non mi sorprende che fino ad ora sia stato speso così poco. La nostra esperienza personale ha mostrato come sia difficile improvvisare in breve tempo utili progetti di spesa. Vi sono molti ostacoli da superare pazientemente se si vogliono evitare sprechi, inefficienze e corruzione. Ci sono molti fattori, che non ho bisogno di enumerare, che rendono particolarmente difficile negli Stati Uniti improvvisare un vasto programma di lavori pubblici. Non biasimo le cautele del Segretario di Stato Ickes. Ma il rischio di procedere con una velocità minore deve essere paragonato a quello opposto di una maggiore fretta. Egli deve saltare il crepaccio prima che faccia buio.

L'altro gruppo di ragionamenti sbagliati, dei quali temo l'influenza, viene fuori da una rozza dottrina economica conosciuta comunemente come la teoria quantitativa della moneta. Il rialzo della produzione e del reddito soffrirà prima o poi un arresto se la quantità di moneta è fissata rigidamente. Alcuni credono di poter dedurre da ciò che basti aumentare la quantità di moneta perché la produzione e il reddito crescano. Ma questo è come cercare di diventare grassi comprando una cinta più larga. Oggi negli Stati Uniti la cintura che avete è grande abbastanza per la vostra pancia. Una delle cose che possono maggiormente trarre in inganno è mettere l'accento sulla quantità di moneta, che è soltanto un fattore limitante, invece che sul volume della spesa, che è il fattore che esercita l'influenza maggiore.

Un'applicazione ancora più assurda delle stesse idee è quella di credere che vi sia una relazione matematica tra il prezzo dell'oro e quello delle altre merci. Vero è che il valore del dollaro in termini delle valute straniere influenzerà i prezzi di quei beni che entrano negli scambi internazionali. È stato giusto deprezzare il dollaro fino a quando una sua valutazione eccessiva ha recato ostacolo alle politiche tese ad aumentare i prezzi interni o ha disturbato la bilancia dei pagamenti. La svalutazione dovrebbe, però, risultare una conseguenza naturale del successo della vostra politica rivolta al rialzo dei prezzi interni, mentre non si dovrebbe permettere a questa di recare disturbo a tutto il mondo, anticipando ciò che dovrebbe giustificarla con un andamento completamente arbitrario. Questo sarebbe un altro esempio del tentativo di ingrassare allargando la cintura.

Valuta e cambio

Queste critiche non implicano che si sia indebolito il mio appoggio ad una valuta tenuta sotto controllo o alla preferenza per la stabilità dei prezzi rispetto a quella dei cambi. La valuta e la politica dei cambi di un paese dovrebbero essere completamente subordinate all'obiettivo di aumentare la produzione e l'occupazione fino al giusto livello. Ma la recente altalena del dollaro mi è parsa più simile a un gold standard ubriaco che all'ideale valuta tenuta sotto controllo dei miei sogni.

Sig. Presidente, arrivati a questo punto, avrete la sensazione che io vi critichi più di quanto non vi apprezzi. Ma in verità non è così. Voi continuate ad essere lo statista la cui visione generale e attitudine ai compiti di governo mi sono più congeniali rispetto a quelle di tutti gli altri governanti del mondo. Voi siete l'unico che si rende conto della necessità di un profondo cambiamento di metodi e lo sta tentando senza intolleranze, tirannie e distruzioni. Voi procedete a tentoni, attraverso tentativi ed errori, e si avverte che siete, proprio come dovreste essere, completamente indipendente nel vostro intimo dai dettagli di una particolare tecnica. Nel mio paese, come nel vostro, la vostra posizione rimane straordinariamente immune da critiche su questo o quel dettaglio. La nostra speranza e la nostra fede sono basate su considerazioni più generali.

Se mi doveste chiedere cosa suggerirei in termini concreti per l'immediato futuro, io risponderei così.

Critica costruttiva

Nel campo della svalutazione dell'oro e della politica dei cambi è venuto il tempo di porre fine all'incertezza. Questo gioco a mosca cieca con gli speculatori sui cambi non serve a niente ed è poco dignitoso. Esso incrina la fiducia, ostacola le decisioni degli imprenditori, richiama l'attenzione della pubblica opinione in una misura sproporzionata, ed è responsabile sia dell'irritazione sia di una certa mancanza di rispetto che esiste all'estero.

Voi avete tre alternative. Potreste svalutare il dollaro in termini di oro, tornando al gold standard, ad un nuovo prefissato tasso di cambio. Questa manovra dovrebbe essere incompatibile con la vostra dichiarazione in favore di una politica di stabilizzazione dei prezzi di ampio respiro e spero che voi la rigettiate.

D'altra parte potreste perseguire una qualche politica di stabilizzazione dei *cambi con la* Gran Bretagna, volta a stabilizzare anche il livello dei prezzi. Questa sarebbe la migliore soluzione finale; ma non è una politica realistica per il momento, a meno che voi non siate pronto ad accettare un valore iniziale della sterlina ben al di sotto di 5 dollari, in attesa che si realizzi un marcato aumento nel livello dei vostri prezzi interni.

Infine, potreste annunciare che terrete sotto controllo il cambio del dollaro col comprare e vendere oro e valute straniere ad un determinato prezzo, così da evitare fluttuazioni ampie e senza significato, avocando a voi il diritto di modificare in ogni momento la parità; ma con l'intenzione dichiarata di ricorrere a questo espediente solo per correggere un serio squilibrio nella bilancia dei pagamenti americana o per far fronte ad un cambiamento del livello dei prezzi interni relativamente a *quello dei prezzi* all'estero.

La politica da preferire

Questa mi sembra essere la migliore politica durante il periodo di transizione. Dovreste rinunciare al diritto di compiere in futuro interventi arbitrari che non corrispondano ad un rilevante cambiamento della situazione, ma d'altro canto dovreste conservare la vostra libertà di subordinare la politica dei cambi alle necessità della vostra politica interna: libero di allargare la vostra cintura in relazione a quanto ingrassate.

Nel campo della politica interna, metto avanti a tutto, per le ragioni addotte sopra, un largo volume di spesa da finanziare con debiti sotto gli auspici del governo. È al di là delle mie competenze scegliere i particolari capitoli di spesa. Ma la preferenza dovrebbe essere data a quelli che possono essere realizzati rapidamente su larga scala come, per esempio, la rimessa in efficienza delle attrezzature ferroviarie. L'obiettivo è avviare il processo di ripresa.

Gli Stati Uniti sono pronti ad avanzare verso la prosperità se si riesce ad imprimere una spinta vigorosa nei prossimi sei mesi. L'energia e l'entusiasmo che lanciarono l'N.R.A. nei suoi primi giorni non potrebbero essere posti al servizio di una campagna finalizzata ad eccelerare spese centrali scelte oculatamente, nella misura in cui la pressione delle circostanze lo consenta? Lei può almeno sentirsi sicuro che il paese sarà arricchito più da tali progetti che dalla involontaria inattività di milioni di persone.

Abbondanza di credito a buon mercato

Metto al secondo posto il mantenimento di un credito abbondante e a buon mercato e in particolare la riduzione del saggio d'interesse a lungo termine. L'inversione di tendenza in Gran Bretagna è largamente attribuibile alla riduzione del saggio d'interesse a lungo termine che fu raggiunta grazie al successo della conversione del debito di guerra. Quest'ultima fu realizzata attraverso la politica di mercato aperto della Banca d'Inghilterra.

Non vedrei alcuna ragione per non ridurre il saggio d'interesse sui titoli governativi a lunga scadenza, portandolo al 2,5% o anche meno, con favorevoli ripercussioni su tutto il mercato obbligazionario, se soltanto il Sistema della Riserva Federale sostituisse il suo attuale pacchetto di titoli del Tesoro a breve termine con l'acquistare in cambio emissioni a lunga scadenza. Tale politica dovrebbe sortire i primi effetti in pochi mesi ed io gli annetto grande importanza.

Con questi adattamenti o estensioni della vostra attuale politica, potrei sperare con grande fiducia in un esito positivo. Quanto ciò significherebbe, non solo per la prosperità materiale degli Stati Uniti e del mondo intero, ma anche per dare conforto all'animo umano, ristabilendo la fede nella saggezza e nel potere del governo!

Con grande rispetto,

Il vostro servo ubbidiente,
J. M. Keynes

POVERTÀ NELL'ABBONDANZA: IL SISTEMA ECONOMICO È IN GRADO DI EQUILIBRARSI DA SOLO? *

Se consideriamo cosa è stato detto fino ad ora in queste conversazioni radiofoniche, è chiaro, credo, che vi è un punto sul quale noi tutti siamo d'accordo, un punto che giustamente Henderson ha enfatizzato. Il punto è questo. Qualsiasi rimedio possa essere il migliore per risolvere il problema della povertà nell'abbondanza, noi dobbiamo rifiutare tutte quelle soluzioni proposte che consistono, in concreto, nello sbarazzarsi dell'abbondanza. Può essere vero che, per varie ragioni, al crescere dell'abbondanza potenziale si fa più difficile il problema di distribuirne i frutti alla gran massa dei consumatori. Ma è all'analisi e alla soluzione di questa difficoltà che dobbiamo rivolgere la nostra intelligenza. Cercare una scappatoia col rendere la macchina della produzione meno produttiva è sicuramente sbagliato. Come palliativo momentaneo e per affrontare un'emergenza spesso sono favorevole a misure tese a ridurre la produzione. Ma un atteggiamento troppo restrittivo è pericoloso. Perché non contiene nessun elemento utile per contribuire ad una soluzione stabile.

* *Poverty in Plenty: is the Economic System Self-Adjusting?*, trasmissione radiofonica il cui testo è stato pubblicato poi sul « Listener » il 21-11-1934 [CWK, vol. XIII, pp. 485-92]. Questo intervento faceva parte di una serie di trasmissioni sulla crisi economica: tutti i discorsi tenuti in queste trasmissioni (Henderson, Robbins, Wootton, ecc.) furono poi raccolti in un volume *The Burden of Plenty* a cura di G. Hutton, Londra 1935. Solo Keynes rifiutò di concedere il permesso alla pubblicazione del suo intervento sostenendo che « una chiacchierata informale e un libro scritto sono due mezzi di espressione completamente diversi e non dovrebbero essere confusi né identificati ».

Ma dire questo significa affermare che non dobbiamo considerare le condizioni dell'offerta, cioè i mezzi per la produzione, come la fonte principale dei nostri problemi. E, se concordiamo su questo, sembra discenderne che sono le condizioni della domanda che devono essere analizzate ed investigate a fondo per la ricerca di una soluzione. In realtà, credo, si può dire onestamente che tutti coloro che hanno contribuito a queste conversazioni radiofoniche si ritrovano fino a questo punto su un terreno comune. Se voi esaminate attentamente cosa vi hanno detto, troverete che ciascuno incentra la maggior parte della sua spiegazione su un fattore che si collega alle condizioni della domanda. Ma sebbene noi, vostri mentori, cominciamo tutti nella stessa direzione, presto ci dividiamo in due gruppi principali. Ed anche all'interno di ciascun gruppo ognuno di noi ha una qualche differente spiegazione di cosa va storto con la domanda e, di conseguenza, una differente idea del rimedio più opportuno. Tutti noi forse in questo avremo successo: nel darvi una buona idea del confronto fra le diverse interpretazioni del mondo contemporaneo.

Ho detto che possiamo essere divisi in due gruppi principali. Cosa c'è alla base della spaccatura che ci divide? Da una parte ci sono quelli che credono che il sistema economico esistente è, nel lungo periodo, un sistema in grado di raggiungere l'equilibrio per proprio conto, anche se con scricchiolii, gemiti e scossoni e interrotto da ritardi temporali, interferenze esterne ed errori. Parlando in generale, di coloro che aderiscono a questa scuola di pensiero, Henderson sottolinea l'accresciuta difficoltà nella realizzazione di un rapido aggiustamento automatico, attribuendo una giusta importanza alle maggiori perdite e ai ritardi connessi al passaggio, reso necessario da cambiamenti nella tecnica o nei gusti, da un tipo di produzione ad un altro, in un contesto dove non abbiamo più una rapida espansione della popolazione e dei mercati. Invece Brand sottolinea la tendenza crescente di interferenze esterne ad ostacolare il processo di aggiustamento. Il Prof. Robbins, a giudicare dal suo breve sommario, mette a fuoco gli effetti degli errori degli operatori economici dovuti all'influenza dell'incertezza e delle false aspettative prodotte dai difetti dei sistemi monetari del dopoguerra. Questi autorevoli personaggi non credono, ovviamente, che il sistema sia in grado di aggiustarsi per proprio conto automaticamente e immediatamente. Ma essi pensano davvero che, se non ci sono interferenze e se i cambiamenti non sono troppo rapidi, esso ha una tendenza intrinseca all'autoaggiustamento.

Sull'altra sponda ci sono coloro che rigettano l'idea che il sistema economico corrente sia, in qualche modo significativo, in *grado di aggiustarsi* automaticamente. Essi credono che il fallimento della domanda effettiva a raggiungere la piena potenzialità dell'offerta è da attribuirsi a cause molto più fondamentali, nonostante che per la vasta maggioranza degli individui la domanda dovuta alla loro naturale psicologia sia notevolmente distante dall'essere soddisfatta. Il Dr. Dalton sottolinea la grande diseguaglianza dei redditi che causa una scissione tra la possibilità e il desiderio di consumare. Hobson crede che le grandi risorse a disposizione dell'imprenditore siano una causa cronica che lo spinge a costruire impianti capaci di produrre di più di quello che le limitate risorse del consumatore possano assorbire. Orage ha richiesto un'iniziativa per aumentare il potere del consumatore così da superare le difficoltà puntualizzate dal Dr. Dalton e da Hobson. Wootton, che parteciperà a questa serie di trasmissioni la prossima settimana, invoca la pianificazione, benché rigetti solo a metà la teoria dell'aggiustamento automatico non avendo ancora raggiunto, come si può percepire, una soddisfacente sintesi tra la sua teoria intellettuale e la sua dimora ideale.

L'abisso tra queste due scuole di pensiero è più profondo, credo, di quanto ne sia consapevole la maggior parte di coloro che si collocano *sulle opposte rive*. Da quale parte sta la verità? Questa è per noi la questione vitale da risolvere. Questo è il problema ricorrente sul quale queste conversazioni, se devono servire al loro proposito, dovrebbero fare chiarezza.

In questa sede posso appena cominciare a darvi la spiegazione di quella che considero la giusta risposta. Sono in grado comunque di dirvi da quale parte mi colloco e di fornire una breve indicazione di ciò che occorre stabilire prima che ciascuna scuola possa completamente sbarazzarsi del proprio avversario.

La forza della scuola che fa capo alla teoria dell'aggiustamento automatico dipende dall'avere alle sue spalle l'intero corpo del pensiero economico organizzato o la dottrina degli ultimi 100 anni. Questo rappresenta un potere formidabile. È il prodotto di menti acute e ha persuaso e convinto la larga maggioranza di persone intelligenti e disinteressate che l'hanno studiata. Ha un vasto prestigio ed una influenza di gran lunga maggiore di quanto sarebbe ovvio. Giacché ha alle spalle l'educazione e i modi di pensiero abituali non solo degli economisti ma dei banchieri, degli uomini d'affari, degli impiegati statali e dei politici di tutti i partiti. Gli elementi essenziali contenuti in essa sono accettati con fervore dai Marxisti. In realtà il marxismo è una inferenza dall'economia ricardiana assai plausibile, cioè che l'individualismo capitalistico non può assolutamente funzionare in pratica. Tanto è vero che se l'economia ricardiana dovesse cadere, un puntello essenziale alle fondamenta intellettuali del marxismo dovrebbe cadere con essa. Così, se gli eretici sull'altra parte della sponda devono demolire le forze dell'ortodossia del XIX secolo, ed io includo il marxismo nell'ortodossia alla pari con il *laissez faire*, queste due realtà del XIX secolo gemelle di Say e di Ricardo, esse devono attaccarle nella loro cittadella. Nessun attacco vincente è ancora stato fatto. Gli eretici di oggi sono i discendenti di una lunga fila di eretici che, sopraffatti ma mai estinti, sono sopravvissuti come isolati gruppi di eccentrici. Essi sono profondamente insoddisfatti. Credono che la semplice osservazione sia sufficiente a mostrare che i fatti non si confermano all'analisi ortodossa. Propongono rimedi ispirati dall'istinto, dal fiuto, dal pratico buon senso, dall'esperienza del mondo: risultano così metà nel giusto, la maggior parte di loro, e metà nell'errore. Il malcontento del giorno d'oggi ha dato loro, per la prima volta da diverse generazioni, un notevole livello di supporto popolare ed un'occasione di propagandare le proprie idee. Ma non hanno avuto alcun effetto sulla cittadella. In realtà molti di loro stessi accettavano le premesse ortodosse; ed è solo perché il loro istinto è più forte della loro logica che non ne hanno accettato le conclusioni.

Ora io mi schiero con gli eretici. Credo che il loro fiuto e il loro istinto li spingano verso la giusta conclusione. Ma io sono stato educato nella cittadella e riconosco il suo potere e la sua forza. Non posso far altro che accettare come ampiamente corretta una gran parte del corpo costituito della dottrina economica. Non ho dubbi su ciò. Per me, dunque, è impossibile considerarmi soddisfatto fino a quando non posso mettere il dito nella piaga su quella parte di analisi ortodossa che conduce alle conclusioni che, per varie ragioni, mi sembrano inaccettabili. Credo di essere sulla buona strada. Vi è, ne sono convinto, un difetto fatale in quella parte di analisi ortodossa che si occupa di cosa determina il livello della domanda effettiva ed il volume dell'occupazione aggregata: l'errore è *largamente dovuto* al *fallimento* della dottrina classica nello sviluppare una soddisfacente teoria del saggio d'interesse.

In breve, il punto è grosso modo questo. Ciascun individuo, se si trova con un certo reddito, a seconda delle sue abitudini, dei suoi gusti e della sua attitudine alla prudenza, ne spenderà una parte in consumo mentre il resto verrà risparmiato. Se il suo reddito cresce, egli quasi certamente consumerà più di prima, ma è altamente probabile che anche il suo risparmio cresca. Egli dunque non aumenterà il suo consumo per l'ammontare completo dell'incremento del suo reddito. Così se un dato reddito nazionale è diviso in maniera equalitaria, o se il reddito nazionale aumenta in modo tale che i redditi individuali sono più elevati di prima, il dislivello tra reddito totale e spesa totale per consumo è probabile che cresca. Ma i redditi possono solo essere generati col produrre beni di consumo o beni capitali. Così la differenza tra reddito totale e la spesa per consumo non può essere maggiore dell'ammontare di nuovi beni capitali che si pensa valga la pena di produrre. Di conseguenza, la nostra abitudine di scansare dalla spesa per consumo una somma crescente come i nostri redditi aumentano, significa che le nostre entrate non possono effettivamente aumentare a meno che o cambiamo le nostre abitudini così da consumare di più o il mondo degli affari calcola che vale la pena produrre un maggior numero di beni capitali. Poiché se queste due alternative non si realizzano, l'aumento dell'occupazione e della produzione, dal quale solamente può scaturire un incremento di reddito, risulterà non profittevole e non durerà.

Ora la scuola che crede nella capacità del sistema di autoregolarsi sta in realtà assumendo che il saggio d'interesse di fatto si aggiusta più o meno automaticamente così da incoraggiare proprio quell'ammontare di produzione di beni capitali necessario a tenere i nostri redditi al massimo livello che le nostre energie, la nostra organizzazione e la nostra conoscenza di come produrre efficientemente siano in grado di provvedere. Questa è comunque una pura assunzione. Non c'è nessuna ragione teorica per credere che sia vera. È sufficiente dare un breve sguardo, sgombro da preconcetti, all'evidenza empirica per mostrare che essa non viene confermata. Questo, coloro che stanno sulla mia sponda e di cui mi sono azzardato a dire che per metà hanno ragione e per metà torto, l'hanno percepito; ed essi concludono che l'unico rimedio che ci rimane è cambiare la distribuzione della ricchezza e modificare le nostre abitudini in modo tale da aumentare la nostra propensione a spendere i nostri redditi in consumo corrente. Io mi trovo d'accordo con loro nel ritenere che questo potrebbe essere un rimedio. Ma sono invece in disaccordo quando essi vanno oltre ed affermano che questo è l'unico rimedio. Giacché vi è una alternativa e cioè aumentare la produzione di beni capitali riducendo il saggio d'interesse o in altri modi.

Quando il saggio d'interesse sarà caduto molto in basso e sarà rimasto a quel livello sufficientemente a lungo da far capire che anche a quel basso saggio non ci sono ulteriori investimenti in beni capitali che vale la pena di fare, allora dovrei essere d'accordo che i fatti provano la necessità di drastici cambiamenti sociali finalizzati all'aumento del consumo. Giacché sarà chiaro che avremo già conseguito una dotazione di capitale così consistente da poter essere utilizzata proficuamente.

Proprio mentre ci troviamo di fronte ad una tale situazione, vi è un forte motivo per credere che una più grande uguaglianza dei redditi condurrebbe ad una aumentata occupazione ed a un più elevato reddito aggregato. Ma fin qui il saggio d'interesse è stato troppo elevato per permetterci di avere tutti i beni capitali, case in particolare, che ci potrebbero essere utili. Così, al momento attuale, è importante bilanciare attentamente gli stimoli al consumo e quelli all'investimento. Nel lungo periodo il benessere economico e sociale sarà incrementato da una politica che tenda a rendere i beni capitali così abbondanti che la remunerazione che si potrà ottenere dal loro possesso cada ad un livello tanto modesto da non essere più a lungo di peso per nessuno. Il modo giusto di procedere è di liberarci dalla scarsezza di beni capitali, e, con essa, dalla maggior parte dei mali del capitalismo mentre contemporaneamente occorre cercare di aumentare la quota del reddito che va a coloro che potranno godere di un maggiore benessere economico avendo la possibilità di consumare *di più*.

Nulla di ciò comunque accadrà spontaneamente. Il sistema non è in grado di autoregolarsi, e, senza un'azione deliberata, è incapace di portarci dalla nostra attuale povertà alla nostra potenziale abbondanza.

Sviluppare ulteriormente un argomento così rilevante ci condurrebbe necessariamente al di là dei limiti di questa breve chiacchierata. Voglio aggiungere solo questo: se l'impianto analitico sul quale Henderson, Brand e il Prof. Robbins si basano è nella sua sostanza inattaccabile, allora non c'è alcuna possibilità di sfuggire alle loro chiare conclusioni cioè che, mentre vi sono problemi che creano crescenti perplessità e una miriade di occasioni di fare errori disastrosi, ciò nonostante dobbiamo mantenerci calmi ed affidarci alla fondamentale solidità dell'insegnamento tradizionale. Le proposte degli eretici, comunque plausibili ed anche vantaggiose nel breve periodo, sono essenzialmente superficiali ed in definitiva dannose. Solo se sono attaccati con successo nella cittadella possiamo chiedere loro di affrontare il problema in modo radicalmente nuovo.

Intanto spero che noi vorremo aspettare, con tutta la nostra pazienza, l'esito positivo del grande fervore intellettuale che c'è tra gli economisti contemporanei: da un secolo a questa parte non si era vista una tale febbricitante attività. Siamo, nella mia fede assai ottimista, condivisa, temo, da pochi sia a destra che a sinistra, in uno di quei momenti cruciali della vicenda umana nei quali si può essere salvati solo dalla soluzione di un problema intellettuale. Se noi sapessimo già tutta la verità non avremmo a lungo successo nell'evitare lo scontro delle passioni umane nella ricerca di una scappatoia a una situazione ormai insostenibile. Ma io ho una speranza migliore.

Intanto non è improbabile che il principio inglese del compromesso riuscirà a mitigare i mali della situazione con l'indurre gli uomini di Stato e gli amministratori a temperare le peggiori conseguenze degli errori dell'insegnamento nel quale sono stati educati così da intraprendere iniziative completamente incoerenti con i loro propri principi, in pratica né ortodossi né eretici: e già si possono scorgere alcuni segni di questa tendenza.

COME EVITARE UNA CRISI *

1. Il problema del livello stabile

È ormai chiaro che, passando per tappe dolorose, ci siamo tirati fuori dalla crisi. Ed è altrettanto chiaro che ci siamo ben incamminati sulla strada ascendente della prosperità (non dico del « boom » perché è un termine obbrobrioso) e che ci si poteva auspicare la situazione di cui oggi godiamo. Ma già molti si preoccupano del futuro. Si concorda ampiamente che è più importante evitare di cadere in un'altra crisi che stimolare ulteriormente la già sostenuta attività economica di questi giorni (convinzione che è soggetta ad un'importante qualificazione che verrà menzionata più avanti). Questo significa che noi tutti, politici, banchieri, industriali ed economisti, siamo dinanzi ad un problema scientifico che mai, sino ad ora, abbiamo cercato di risolvere.

Fermiamoci un attimo su questo punto. Non soltanto non lo abbiamo mai risolto: non abbiamo mai neanche tentato di farlo. Non una volta. I boom e le crisi del passato non sono mai stati né stimolati né controllati. L'azione delle banche centrali è stata, fin qui, una risposta sempre automatica all'impatto imprevedibile e non voluto di shock esterni. Ma questa volta è diverso. Oggi ci siamo completamente liberati, e ciò si applica a ogni partito e a ogni ambiente culturale, della filosofia dello Stato basato sul *laissez-faire*. Abbiamo a nostra disposizione nuovi mezzi dei

* *How to Avoid a Slump*, « The Times », 12/14-1-1937 [CWK, vol. XXI, pp. 384-95].

quali vogliamo servirci. Forse ne sappiamo di più. Ma soprattutto si tratta della convinzione generale che la stabilità delle nostre istituzioni richiede assolutamente un tentativo risoluto di applicare le conoscenze in nostro possesso per prevenire il ripetersi di un rapido declino. Mi piacerebbe perciò soffermarmi sugli aspetti essenziali di questo complicato problema.

Le aree depresse

È naturale osservare che è prematuro ridurre i nostri sforzi per aumentare l'occupazione fin tanto che la cifra sulla disoccupazione rimane così elevata. In un certo senso questo è assolutamente vero. Ma credo che ci stiamo avvicinando, o abbiamo già raggiunto, il punto dove l'uso di ulteriori stimoli generali non arreca più molti vantaggi. Fin quando le risorse inutilizzate erano ampiamente diffuse tra le industrie e le zone geografiche, non era molto importante a quale punto della struttura economica veniva applicato l'impulso di un aumento di domanda. Ma è sempre più evidente che, per diverse ragioni, che non posso affrontare qui per motivi di spazio, la struttura economica è sfortunatamente rigida e che, per esempio, l'attività edilizia nelle contee intorno a Londra è meno efficace, di quanto si sarebbe potuto sperare, nel ridurre la disoccupazione nelle aree depresse. Da ciò ne segue che l'ultima fase della ripresa richiede una tecnica differente. Per porre un rimedio alle condizioni delle aree depresse sono necessarie misure *ad hoc*. Gli abitanti di Jarrow avevano teoricamente ragione. Errava invece il governo nel rifiutare le radicali misure *ad hoc* raccomandate dagli esperti locali. Ciò nonostante sembra essere imminente un cambiamento della politica economica nella giusta direzione. Quello di cui abbiamo bisogno oggi non è una maggiore domanda aggregata ma una domanda distribuita correttamente; e bisognerebbe dare la facoltà al Tesoro di economizzare altrove per compensare il costo dell'assistenza alle aree depresse. Se potessimo affrontare tale problema secondo queste direttrici, potremmo allora concentrarci, con mente sgombra, sul nostro problema principale di come mantenere un livello di prosperità relativamente stabile.

Perché i periodi favorevoli sono stati in passato così discontinui? La spiegazione non è difficile. Le persone, soprattutto i benestanti, non spendono tutto il loro reddito in consumo corrente. Ne segue che le attività produttive, dalle quali derivano i loro redditi, non devono essere rivolte alla produzione di beni di consumo in una proporzione più elevata *di quella che corrisponde al reddito che sarà speso* in consumi. Infatti se ciò accade, i beni prodotti non possono essere venduti con profitto e la produzione dovrà essere ridotta. Quando i redditi sono ad un dato livello, se il pubblico consuma, diciamo, i nove decimi delle proprie entrate, gli sforzi produttivi dedicati ai beni di consumo non potranno essere di più di nove volte gli sforzi rivolti agli investimenti, se il prodotto vuole essere venduto senza perdite. Così è un'indispensabile condizione per un aumento stabile dei redditi che la produzione dei beni d'investimento (che deve essere interpretata in senso ampio, così da includere non solo il capitale d'esercizio ma anche lavori pubblici e spese di armamento, se questi sono sostenuti indebitandosi) si sviluppi *pari passu* e nella giusta proporzione. Altrimenti la parte di reddito spesa in beni di consumo sarà inferiore alla proporzione di reddito guadagnata col produrre tali prodotti e ciò significa che le entrate dei produttori di beni di consumo saranno più basse dei loro costi con conseguenti perdite e tagli di produzione.

Difficoltà di «pianificare»

Ora vi sono diverse ragioni che spiegano perché la produzione di beni d'investimento tende a fluttuare ampiamente e sono proprio queste oscillazioni che causano le fluttuazioni prima dei profitti, poi della generale attività economica e, da qui, della prosperità nazionale e mondiale. Se si vuole godere di una sostenuta prosperità occorre dedicare agli investimenti effettivi (intesi, come ho indicato, in senso lato) una proporzione quanto più vicina è possibile a quella giusta, né troppo né troppo poco. E la giusta proporzione è data dalla percentuale di reddito che la comunità è disposta a risparmiare quando le risorse nazionali di impianti e di lavoro sono completamente occupate.

Non c'è nessuna ragione per supporre che vi sia una « mano invisibile », un controllo automatico nel sistema economico, che assicuri che l'investimento effettivo sia sempre nella giusta proporzione. Ma è anche molto difficile garantire ciò con l'esercizio di un attento controllo, alla qual cosa ci si richiama oggi quando parliamo di pianificazione. La cosa migliore che possiamo sperare di raggiungere è di usare quei tipi d'investimento che è relativamente facile pianificare, attivandoli all'occorrenza con l'obiettivo di preservare nel modo più stabile possibile un giusto e appropriato livello di investimenti aggregati. Tre anni fa era importante usare la politica economica per aumentare gli investimenti. Può essere di eguale importanza, nei prossimi giorni, ritardare certi tipi di investimento così da avere maggiore libertà d'azione nel momento in cui dovremo intervenire con manovre espansive.

Più a lungo è durata la ripresa, più difficile diventa mantenere la stabilità degli investimenti. Una parte di questi, che si presenta a un certo punto della ripresa, non è, per sua natura, ricorrente: per esempio, l'aumento nel capitale di esercizio al crescere della produzione e le provviste di equipaggiamento addizionale per tenere il passo con l'aumento del consumo. Un'altra parte diventa meno facile da sostenere, non perché si sia raggiunto il punto di saturazione, ma perché insieme a ciascun aumento del nostro stock di ricchezza, declina il profitto che ci si può attendere da un ulteriore aumento di essa. E inoltre, durante una ripresa della domanda assai rapida, è probabile che gli extra-profitti che possono essere ottenuti da una dotazione di capitale, in grado, in quel momento, di garantire solo una offerta limitata, possono condurre a esagerate aspettative per certi tipi di nuovi investimenti la cui mancata realizzazione porterà a una successiva reazione negativa. L'esperienza mostra che ciò avverrà sicuramente se si permette all'investimento aggregato di crescere per un certo tempo al di sopra della normale appropriata proporzione. Possiamo anche aggiungere che il rialzo del valore delle azioni, derivante dalla ripresa, conduce di solito ad un certo ammontare di spesa finanziato, non da reddito corrente, ma dai profitti azionari che scompariranno quando questi valori cesseranno di subire ulteriori maggiorazioni. È evidente perciò che mantenere la stabilità è un affare molto delicato. Dobbiamo trovare il sistema per aumentare i sicuri investimenti del secondo tipo che non hanno ancora raggiunto il punto di saturazione allo scopo di sostituire al momento opportuno gli investimenti del primo tipo che sono necessariamente non continui. Nello stesso tempo, dobbiamo cercare di evitare momentanee sovrapposizioni di investimenti del primo e del secondo tipo che comportano un incremento dell'investimento aggregato fino ad un livello eccessivo, il quale con l'amplificare i profitti indurrà investimenti non sicuri del terzo tipo, basati su errate aspettative.

Dopo aver fatto queste osservazioni generali, lasciatemi esaminare le opportunità per metterle in pratica.

2. Denaro a caro prezzo: il momento opportuno per l'austerità

In un certo senso stiamo in una posizione migliore di quanto non sia mai avvenuto in passato. Nelle precedenti occasioni una ristrettezza di liquidità è quasi sempre stata un elemento essenziale nel trasformare un boom in una crisi. È sicuro che con l'aumento della produzione i prezzi ed i salari avranno una certa tendenza al rialzo. Né c'è nulla di sbagliato in ciò: perché bisogna distinguere nettamente questo processo dalla così detta « spirale viziosa », che accompagnò la perdita di valore della valuta nel dopoguerra. Ma i più elevati redditi che risultano da una maggiore produzione ad un più elevato livello dei costi naturalmente richiedono più liquidità. In precedenza vi era raramente un sufficiente margine di risorse liquide che poteva essere reso disponibile per finanziare l'aumento dei redditi. Così la risultante penuria di liquidità, che portava ad un rialzo nel saggio d'interesse, faceva la sua apparizione in un momento in cui il mantenimento degli investimenti stava già diventando difficile per altre ragioni. Tutto cíò aveva un'influenza fatale sul clima di fiducia e sul credito ed in modo drastico determinava la crisi.

Ma questa volta non vi è nessun rischio di ristrettezza di liquidità in quei paesi che ancora mantengono un sistema di libera economia e stanno godendo di una normale ripresa. La svalutazione della valuta, l'ampia produzione d'oro, e l'elasticità del cambio, conquistata di recente, hanno contribuito a garantirci la libertà di azione che ci serviva. Non siamo più obbligati a fare ciò che ci porta alla rovina. Sfortunatamente c'è un'opinione largamente diffusa che il denaro a caro prezzo sia una conseguenza « naturale » della ripresa e che, in tali circostanze, sia una caratteristica « salutare ».

Giocando con il fuoco

Non si può mettere in discussione che in passato il caro prezzo del denaro abbia accompagnato la ripresa, ed anche abbia preannunciato la crisi. Se noi ci trastulliamo col denaro costoso col presupposto che esso sia « salutare » o « naturale », allora, non ho dubbi, ne deriverà inevitabilmente una crisi. Dobbiamo perciò tenerci alla larga da una simile eventualità, come faremmo per le fiamme dell'inferno. Vero è che c'è una fase in ogni ripresa quando dobbiamo procedere lentamente con investimenti di tipo ricorrente che possono essere posposti, in modo che, unitamente agli investimenti non ricorrenti che si accompagnano necessariamente ad una ripresa, non venga spinto troppo in alto l'investimento aggregato. Ma noi dobbiamo trovare mezzi diversi da un più elevato saggio d'interesse per raggiungere questo obiettivo. Giacché se noi consentiamo al saggio di interesse di variare non saremo poi in grado facilmente di invertire la tendenza. Non si può raggiungere un saggio di interesse sufficientemente basso se non contrastiamo l'opinione che coloro che ora tengono liquide le loro risorse potranno spuntare in futuro tassi più elevati. Il saggio di interesse a lungo termine deve essere tenuto *continuamente* quanto più vicino è possibile a quello che noi crediamo sia il livello ottimale di lungo periodo. Esso non è adatto per essere usato come strumento di breve periodo.

Inoltre, quando la ripresa sta per raggiungere il suo culmine, la fase di investimenti non ricorrenti in capitale d'esercizio e simili, sarà quasi finita: e noi possiamo essere praticamente certi che in poche settimane o mesi dovremo far ricorso ad un più basso saggio d'interesse per stimolare *un aumento d'investimenti in* capitale fisso per compensare il dislivello che si è creato. Così è un errore fatale usare un elevato saggio d'interesse come mezzo per controllare il boom. Fino ad ora è stato l'apparire della moneta a caro prezzo che, accompagnandosi ad altre forze, ha reso inevitabile la crisi.

Se la borsa è eccessivamente euforica, se nuove emissioni di dubbia qualità stanno *diventando troppo abbondanti*, un più alto saggio d'interesse non sarà di nessuna utilità eccetto che per la sua influenza negativa sull'intera struttura della fiducia e del credito. Inoltre sono disponibili metodi alternativi. Un avviso alle banche di mostrare cautela nelle loro attività in borsa e ai Comitati delle borse valori di esercitare una discriminazione nel concedere il permesso a trattare, dovrebbe risultare più efficace. E, se necessario, un momentaneo rilevante aumento del bollo per le distinte di compra-vendita (distinguendole dai trasferimenti) sulle transazioni di azioni ordinarie, dovrebbe aiutare a controllare una eccessiva attività speculativa.

Tuttavia si può facilmente innestare una fase di ripresa facendo ricorso ad altri metodi per limitare momentaneamente la domanda aggregata, con un occhio a stabilizzare la successiva attività economica ad un livello più alto possibile. Vi sono tre importanti metodi a disposizione delle nostre autorità, i quali tutti meritano di essere considerati nell'immediato futuro.

Il controllo del boom

Proprio come conveniva al Governo indebitarsi durante la crisi, così per le stesse ragioni è ora consigliabile una politica opposta. La domanda aggregata aumenta in presenza di spesa pubblica finanziata indebitandosi e decresce rimborsando i prestiti con gli introiti fiscali. In vista degli alti costi per le spese di riarmo, che non possiamo posporre, rimborsare il debito metterebbe troppa tensione nel nostro sistema fiscale. Ma il Cancelliere dello Scacchiere dovrebbe finanziare la parte maggiore delle spese per il riarmo con la tassazione aumentando la pressione fiscale e sospendendo per il momento tutti gli sgravi, in modo da avere questo strumento a disposizione nel 1938 o 1939 o quando vi fossero segnali di recessione. Il boom e non la crisi rappresenta il momento giusto per manovre improntate all'austerità da parte del Tesoro.

Così come era consigliabile per le autorità locali incrementare le spese in beni capitali durante la crisi, così ora è saggio posporre tutte quelle iniziative che possono essere rinviate. Non voglio dire che dovrebbero abbandonare la messa a punto dei loro programmi. Al contrario, essi dovrebbero essere portati completamente a maturazione così da risultare disponibili, per un rapido utilizzo, al momento opportuno. Ma il boom non la crisi è il periodo migliore al Ministero della Sanità per temporeggiare.

Proprio come conveniva, dal nostro punto di vista, controllare le importazioni e prendere misure per migliorare la bilancia commerciale durante la crisi, così è ora opportuno muoversi nella direzione opposta e dare il benvenuto alle importazioni anche se comportano una avversa bilancia commerciale. Mi piacerebbe vedere una momentanea riduzione sulle tariffe dovunque ciò potesse essere fatto senza sottrarre risorse inglesi all'occupazione. Ma, soprattutto, è desiderabile da parte nostra osservare con calma e senza ansietà l'eventuale peggioramento della nostra bilancia commerciale che è probabile risulti dai più alti prezzi delle materie prime, dalle nostre spese di armamento e dalla generale attività commerciale, anche se ciò possa inserire degli elementi di tensione nel funzionamento dell'Exchange Equalization Found *. La recente diminuzione delle emissioni fiduciarie della Banca di Inghilterra mostra che abbiamo oggi una gran quantità d'oro. È consigliabile perciò che ai paesi produttori di materie prime venga concesso di esportare da noi i loro beni e ricostruire così la loro scorta in oro e in sterline. Ciò è particolarmente opportuno in vista delle difficoltà che dovrebbero persistere nel prestare denaro all'estero ai vecchi standard anche se dovessero essere rimossi gli ostacoli artificiali presenti in questo periodo. Tale politica è doppiamente desiderabile. In primo luogo perché dovrebbe aiutare a mitigare la momentanea crescita inflazionistica della domanda interna. Ma in secondo luogo perché una politica che consente a questi paesi di aumentare le loro risorse nel 1937 fornisce le migliori prospettive che essi usino queste risorse per acquistare i nostri prodotti, con un conseguente beneficio per le nostre industrie che lavorano per le esportazioni, in un periodo successivo, quando ci servirà un aumento di domanda.

Questi, insisto, sono i migliori metodi che saranno utili nel proteggerci dagli eccessi del boom e, allo stesso tempo, ci metteranno in buona posizione per evitare i pericoli cumulativi della crisi quando ineluttabilmente si presenterà un'inversione di tendenza. Ma abbiamo bisogno anche di misure più concrete per mantenere un buon livello di prosperità. Completeremo ora l'esposizione delle misure più adatte per risolvere questo genere di problemi.

3. Opportunità aperte alla politica economica

Mentre dobbiamo essere prudenti ed intraprendere quelle iniziative che ho indicato per prevenire la trasformazione dell'attuale ripresa in un boom precario, ammetto, comunque, che non vedo molti segnali di questo pericolo, eccetto, forse, in alcune particolari direzioni. Per il momento noi abbiamo le spese per il riarmo che si sovrappongono all'attività dell'edilizia e agli ampi investimenti di natura non

* Fondo istituito dopo l'abbandono della parità aurea della sterlina, al fine di controllare il tasso di cambio.

ricorrente in capitale d'esercizio e in rimpiazzi che sono caratteristiche peculiari della ripresa. Questa situazione suggerisce cautela.

Ma, d'altra parte, le nostre industrie per esportazioni *rimangono, nell'insieme, inattive*; il punto più alto dell'investimento per aumentare il capitale d'esercizio (che negli ultimi due o tre anni ha avuto un tasso di crescita annuale più elevato di quanto non sia oggi quello del costo del riarmo) può essere alle nostre spalle; prima o poi l'attività delle costruzioni declinerà, ed il riarmo non è permanente né ampio abbastanza per sostenere da solo la prosperità (nel 1936 si è speso in nuove costruzioni una somma 7-8 volte maggiore di quanto si è impiegato nelle spese per il riarmo). Così la nostra principale preoccupazione dovrebbe riguardare non tanto l'evitare i rischi di un qualche ipotetico boom, *quanto preoccuparsi in anticipo* dell'indebolirsi dell'attività economica che, se non si impedisce che si innesti il consueto andamento cumulativo, ancora una volta si trasformerà in una depressione. Allarmarsi troppo per un ipotetico boom è il modo migliore per rendere la crisi inevitabile. Non c'è nulla di sbagliato nella prosperità assai moderata di cui ora godiamo. Il nostro obiettivo deve essere stabilizzarla e distribuirla in modo più omogeneo, non diminuirla.

Precauzioni pratiche

Abbiamo dunque bisogno di pensare a iniziative concrete per far fronte al futuro. La recente esperienza ha mostrato quanto tempo richiede allestire utili programmi d'investimento e quali attente manovre sono necessarie per sviluppare uno stato psicologico nel mercato dell'investimento che consenta una riduzione del saggio d'interesse a lungo termine. Inoltre sarà molto più semplice controllare una recessione se noi interveniamo nelle sue prime fasi. Infatti, se permettiamo ad essa di svilupparsi, si metteranno in moto tali meccanismi cumulativi che, com'è facilmente prevedibile, ci sarà impossibile controllarla prima che questi ultimi abbiano completato il loro corso. Se vogliamo avere successo dobbiamo intervenire con misure espansive di carattere moderato prima che il declino sia percepito dall'opinione pubblica. Soltanto un elemento sarà a nostro favore: il miglioramento della nostra bilancia commerciale con i paesi produttori di materie prime, cosa che credo avverrà nel prossimo futuro. Secondo me nelle altre direzioni incontreremo delle difficoltà nello sviluppare attività socialmente utili su scala adeguata. La minaccia di una prossima crisi, e di tutto ciò che questa può comportare per le nostre istituzioni e tradizioni, dovrebbe sempre accompagnarci spingendoci ad intraprendere con audacia intellettuale nuove politiche economiche.

Forse è assurdo che un inglese pensi a cose che non sono immediatamente a portata di mano. Ma se non è così vi sono diversi aspetti da considerare. Fino ad ora ho sottolineato l'importanza degli investimenti. Ma il mantenimento della prosperità e di una stabile vita economica dipende unicamente dagli investimenti solo se noi consideriamo come immutabile l'esistente distribuzione del potere d'acquisto e la volontà di coloro che ne godono di usarlo per consumi. Più diventiamo ricchi e inferiore diventa, perciò, il profitto che si può guadagnare dall'aumento dei nostri beni capitali, più si fa pressante guardare se coloro che dovrebbero trarre beneficio da un maggior consumo, che è al dunque l'unico obiettivo finale dello sforzo economico, abbiano il potere e l'opportunità di farlo. Fino ad un certo punto il risparmio individuale può rappresentare un modo vantaggioso per posporre il consumo. Ma al di là di questo punto esso è, per l'intera comunità, un'assurdità e un disastro al contempo. L'evoluzione naturale dovrebbe essere indirizzata al raggiungimento di un decente livello di consumo per ciascuno: e quando questo è abbastanza elevato, all'occupazione delle nostre energie in quei campi della nostra vita non attinenti alla sfera economica. Così abbiamo bisogno di ricostruire lentamente il nostro sistema sociale tenendo ben in mente tali finalità. Questa è un'ampia materia sulla quale qui non mi posso dilungare. Ma in particolare, sgravi fiscali, quando è il momento opportuno, contribuiranno in modo determinante al benessere generale se sono diretti ad aumentare il potere di acquisto di coloro che hanno bisogno, in misura maggiore, di consumare di più.

La pianificazione degli investimenti

Le richieste di beni capitali da parte dell'industria e delle manifatture di casa nostra non possono possibilmente assorbire più di una frazione di ciò che questo paese, con la sua attuale struttura sociale e distribuzione della ricchezza, decide di risparmiare negli anni di generale prosperità; mentre l'ammontare del nostro investimento all'estero è limitato dalle esportazioni e dalla bilancia commerciale. Le costruzioni, i trasporti e i servizi pubblici, che sono in grado di far uso di ampia quantità di beni capitali, giacciono a metà strada tra il controllo pubblico e quello privato. Essi hanno bisogno perciò di uno stimolo combinato proveniente da una politica pubblica e da un basso saggio d'interesse. Ma una saggia politica pubblica per promuovere investimenti necessita, come ho detto prima, di una lunga preparazione. È ora il momento di approntare un comitato per gli investimenti pubblici che prepari utili schemi d'intervento per quando ci sia bisogno di essi. Se noi aspettiamo fino a quando la crisi sarà incombente, arriveremo, ovviamente, tardi. Dobbiamo istituire immediatamente un'autorità la cui attività non sia varare ogni progetto nel momento presente, ma far sì che vengano approntati piani dettagliati. Le compagnie ferroviarie, le autorità portuali e fluviali, le aziende dell'acqua, del gas e dell'elettricità, gli imprenditori edili, le autorità locali, soprattutto, forse, il London County Council e gli altri grandi enti municipali con una popolazione congestionata dovrebbero essere invitati ad individuare quei progetti che potrebbero essere utilmente intrapresi se il capitale fosse disponibile a certi tassi d'interesse: 3,5%, 3%, 2,5%, 2%. Dovrebbe essere poi esaminata la convenienza di questi schemi e il loro ordine di priorità. Quello che subito si richiede sono atti di immaginazione costruttiva da parte dei nostri amministratori, ingegneri ed architetti che siano poi seguiti da analisi finanziarie di fattibilità, da un'attenta selezione e da progetti più dettagliati: così che con pochi mesi di preavviso almeno alcuni ampi ed utili progetti possano essere varati.

Non ci può essere alcuna giustificazione per un saggio d'interesse che ostacola un adeguato flusso di progetti nel momento in cui le risorse nazionali per la produzione non sono completamente impiegate. Il saggio d'interesse deve essere ridotto ad un livello tale da essere compatibile con i nuovi progetti. *In casi speciali si possono giustificare sussidi*: ma in generale è il saggio d'interesse che deve scendere giù fino al tasso che può essere ottenuto dal progetto marginale. Abbiamo la facoltà di ottenere questo risultato. La Banca d'Inghilterra e il Tesoro hanno conseguito un grande successo al tempo della conversione del debito di guerra. Ma è possibile che essi ancora sottovalutino il loro effettivo potere. Con il controllo esistente sui cambi, che ha rivoluzionato la situazione tecnica, e con le vaste risorse a loro disposizione, attraverso la *Banca d'Inghilterra*, *l'Exchange Equalization Found*, e altri fondi sotto il controllo del Tesoro, è nel potere delle nostre autorità determinare, entro limiti ragionevoli, il livello prescelto del saggio d'interesse; sempre che ciò avvenga con l'uso della moderazione, della gradualità e della discrezione nell'intervento sui mercati, del quale essi hanno dato prova di essere maestri. Se noi sappiamo quale è il saggio d'interesse richiesto per rendere profittevole un flusso opportuno di nuovi progetti, noi abbiamo la facoltà di far prevalere quel saggio sul mercato. Un basso saggio d'interesse può essere dannoso a causa dell'inflazione che può provocare, solo se è così basso da stimolare un flusso di nuovi progetti più che sufficiente ad assorbire le nostre risorse disponibili.

Vi è la più piccola possibilità di una politica economica costruttiva e previdente nell'Inghilterra contemporanea? Si può sperare che al momento opportuno il governo faccia qualcosa? Perché non dovrebbe?

INDICE